SIMONE MORGENTHALER

Die besten Desserts aus dem Elsaß

Fotos : Marcel Ehrhard

EDITION DNA

Die Rezepte wurden von Jean-Pierre Drischel, Lehrer an der Hotelfachschule Straßburg-Illkirch, überarbeitet und von dem Straßburger Konditormeister Christophe Meyer für die Fotos zubereitet.

Die Autorin dankt Philippe Karcher und dem Heimatmuseum Offwiller, Alfred Matt und dem Museum Bouxwiller, dem Antiquitätengeschäft Pfirsch in Strasbourg, der Brocante du bâtiment in Geispolsheim sowie allen befreundeten Personen, die Geschirr und sonstige Utensilien zur Verfügung stellten und hier ganz besonders Hélène Dohrmann, Denise Monnery, Ingrid Kettner, Jeanne Weyrich-Ott, Marie-Therese Veras und Robert Nussbaum.

Übersetzung: Ursula Kauß
Überarbeitung der elsässischen Textstellen :
Raymond Matzen
Fotoassistentin: Josiane Weyrich
Graphische Gestaltung: Sylvie Pelletier
Koordination Verlag: Alexandra Bade
Druck: Imprimerie St-Paul, Bar-le-Duc

Originalausgabe: »Les meilleurs desserts d'Alsace«
im gleichen Verlag, Straßburg 1993
ISBN-2-7165-0294-3

Zuckersüße Träume

Mein Verleger hat eine Schwäche für Süßes. »Er isch a Zuckersiesser« wie man bei uns sagen würde. Es war also nicht viel Überredungskunst nötig, ihn von der Idee dieses Buchs zu überzeugen.

Für seine Verwirklichung habe ich die Rezepte meiner Mutter und Großmutter aus der Schublade geholt und Kindheitserinnerungen hervorgekramt. Mit großer Freude habe ich mich dabei in die Zeit zurückversetzt, als ich meiner Mutter samstags zuschaute wie sie mit mehligen Händen am Küchentisch stand und die Teigstränge zum samstäglichen Hefezopf zusammenflocht. Ebenso deutlich in Erinnerung geblieben ist mir das Geräusch, wenn meine Großmutter Holz für den Backofen nachlegte, während der an einen warmen Ort gestellte Gugelhupfteig still und leise so weit aufging bis er schließlich fast über den Rand der Steingutform quoll. Und als wäre es gestern gewesen, sehe ich die sommerlichen Familienfeiern mit ihren festlich gedeckten Tischen im Hof vor mir, auf denen die Mirabellentorten, Savarins, Vanillecremes oder mit Zuckerveilchen verzierten Biskuittorten den krönenden Abschluß des Festmenüs ankündigten.

Die in diesem Buch zusammengetragen Rezepte sind wie das Elsaß selbst. In ihrer schlichten Natürlichkeit ähneln sie einem goldenen Weizenfeld mit seinen im Sommerwind sanft hin- und herwiegenden Ähren. Sie sind geprägt vom ganzen Reichtum der Geschichte der Region und lassen sogar die Spuren der verschiedenen Invasoren (von den Römern über die Schweden und Österreicher bis hin zu den Deutschen) erkennen. Gleichzeitig zeugen sie vom Erfindungsgeist unserer Vorfahren, wahre Meister, wenn es darum ging, die Erzeugnisse ihres Bodens geschickt zu kombinieren.

Den Grundstock meiner Sammlung bilden die »gängigen« elsässischen Desserts, die sich ebenso durch Qualität wie durch ihre einfache Zubereitung auszeichnen. Diese habe ich durch einige sehr alte traditionelle Rezepte ergänzt, die heute fast völlig in Vergessenheit geraten sind.

Um eine perfekte Zusammenstellung der Zutaten und eine einfache Zubereitung zu garantieren, bat ich Jean-Pierre Drischel von der renommierten Hotelfachschule in Straßburg-Illkirch, die Rezepte zu überarbeiten und zu testen. Für die Illustration wurden sie dann von Christophe Meyer, dem Konditormeister des Hauses »Christian« in Straßburg mit sehr viel Liebe zubereitet. Für die Fotos zeichnet Marcel Ehrhard verantwortlich, ein wahrer Künstler, dessen Aufnahmen bereits in meinem vorhergehenden Werk »Die besten Rezepte aus dem Elsaß« die richtige Stimmung gezaubert hatten.

Ich hoffe, daß Ihnen diese Desserts einen ebenso großen Genuß bereiten wie mir und für unvergeßliche Gaumenfreuden sorgen!

Simone Morgenthaler

Schokoladencreme

Schokolacrem

Für 6 Personen

- 1/2 l Milch
- 50 g Schokolade (Bitter- oder Milchschokolade)
- 100 g Zucker
- 1 Päckchen Vanillezucker
- 20 g Mehl
- 3 Eier

Trotz der Sommerhitze ließ es sich meine Großmutter nicht nehmen, alljährlich zu Patrozinium, dem *Patronsdaa*, eine Schüssel Schokoladecreme zuzubereiten. Und während diese dann bei geschlossenen Fensterläden in der Küche abkühlte, wurde uns Kindern eingeschärft, sie ja nicht anzurühren. Doch gibt es ein größeres Vergnügen als die Finger in die weiche, braune Masse einzutauchen und sie dann genüßlich abzulecken? So geschah es eines Tages, daß wird das Verbot brachen. Die Strafe folgte auf den Fuß, denn die kochendheiße Creme ergoß sich auf das Handgelenk meines Cousins, an dem sich sogleich dicke Blasen bildeten. Unserer Vorliebe für die Creme konnte indes selbst dieser Schock keinen Abbruch tun.

Die Milch mit der Schokolade, dem Zucker und Vanillezucker zum Kochen bringen. Die Eigelb vom Eiweiß trennen. In einer Schüssel die Eigelb mit dem Mehl verrühren und mit 3 Eßlöffeln kalter Milch verdünnen. Diese Masse in die heiße Milch einrühren und diese unter weiterem ständigen Rühren erneut zum Kochen bringen. Vom Herd nehmen. Die Eiweiß zu Schnee schlagen und unter die Creme heben. Während des Abkühlens von Zeit zu Zeit noch einmal umrühren.

Diese Creme kann alleine serviert werden. Sehr gut paßt dazu aber auch ein Stück Biskuit oder Gesundheitskuchen.

Gebrannti Kinder scheje 's Fiir.
Gebrannte Kinder scheuen das Feuer.

Unglaublich, daß eine Orchidee ein solch köstliches Aroma erzeugen kann ! Als Kind gab es für mich nichts Schöneres als von meiner Mutter ins Dorf geschickt zu werden, um eine Vanilleschote zu kaufen. Der Lebensmittelhändler bewahrte die so aromatischen, getrockneten schwarzen Früchte der exotischen Vanillepflanze in einem großen Glas auf, das ich heute noch deutlich vor mir sehe. Aufgeschnitten gibt die Vanilleschote mit ihren winzigen schwarzen Samen ihr ganzes Aroma an die heiße Milch ab. Die Schote entwickelt dabei sehr viel mehr Aroma als einfacher Vanillezucker...

Vanillecreme
mit Eischneebällchen

Für 6 Personen

Vanilcrem mit Schneeballe

- **Vanillecreme**
- 1/2 l Milch
- 1 Vanilleschote
- 5 Eigelb
- 125 g Zucker
- 1 Päckchen
  Vanillezucker

- **Eischneebällchen**
- 5 Eiweiß
- 1 kleine Prise Salz
- 150 g Zucker

Die Milch mit der längs aufgeschlitzten Vanilleschote zum Kochen bringen. Die Eigelb in eine Schüssel geben, den Zucker zufügen. Mit einem flachen Rührlöffel zu Schaum schlagen. Nach und nach unter ständigem Rühren die kochende Milch dazugießen. Alles zusammen zurück in den Topf geben und bei kleiner Flamme ununterbrochen weiterrühren bis der Schaum, der sich an der Oberfläche gebildet hat, verschwunden und die Creme zähflüssig geworden ist. In eine Schale oder Schüssel gießen.

Falls die Creme aus Versehen zum Kochen kam und das Eigelb geronnen ist, kann das Mißgeschick behoben werden, indem sie nach dem Abkühlen mit einem elektrischen Rührgerät (Schneebesen) oder im Mixer kräftig bearbeitet wird.

Für die Eischneebällchen die fünf Eiweiß mit dem Salz zu Schnee schlagen. Sobald der Schnee steif zu werden beginnt, den Zucker zufügen. Dann in einem Topf Wasser (oder Milch) zum Kochen bringen und die mit einem Löffel ausgestochenen Bällchen hineingeben. Nach ca. zehn Sekunden umdrehen und auf einem zusammengefalteten Tuch abtropfen lassen. In die Vanillecreme geben. Je nach Wunsch können die Eischneebällchen noch mit aufgeträufeltem Karamel verziert werden.

Diese Creme ist besonders bei Sonntags- und Festessen auf dem Land beliebt, wo sie oft mit Biskuit serviert wird. Eine köstliche Kombination!

A manchs gscheits Huehn lejt d'Eier nawe's Nescht !
So manches gescheite Huhn legt die Eier neben das Nest !

Weinschaum

Wincreme

Für 6 Personen
- 4 ganze Eier und
  1 Eigelb
- 1 Messerspitze
  geriebene
  Zitronenschale
- 200 g Zucker
- 2 dl Weißwein
  (vorzugsweise Muscat
  oder Gewürztraminer)

Mein Heimatdorf Haegen bei Saverne liegt nicht in den Weinbergen. Dennoch stellte meine Großmutter ihren eigenen Wein her, einen etwas sauren *Apfelwin*, an den ich mich noch heute mit Freuden erinnere. Denn wenn es an die Zubereitung des Weinschaums ging, wurde mir die Ehre zuteil, ihn - ganz alleine - aus dem Keller zu holen. Die Frische des Sandsteinkellers, der in den Krug rieselnde Wein und das Knarren des hölzernen Hahns bezauberten mich dabei jedes Mal aufs Neue. Doch meine Großmutter wußte auch die Weine der Vogesenvorberge und ihrer sonnigen Rebhänge zu schätzen. Das blumige Bukett des Sylvaners liebte sie dabei ebenso wie das fruchtige Aroma des Muskatellers oder den würzigen Geschmack des Gewürztraminers.

Die ganzen Eier und das zusätzliche Eigelb mit einem Schneebesen schaumig schlagen. Die Zitronenschale, den Zucker und dann den Weißwein zugeben. Auf kleiner Flamme unter ständigem Rühren erhitzen. Sobald die Creme dicker und zähflüssig wird, vom Feuer nehmen und abkühlen lassen.

Zu diesem Dessert knabberte meine Großmutter am liebsten Kekse wie die »Wolfszähn« oder zur Weihnachtszeit die »Schwowebredel«, deren Zimt-, Nuß- und Mandelaroma hervorragend mit dem Weinschaum harmoniert.

Üseme lääre Fass kann m'r ken Win ablonn.
Aus einem leeren Faß kann man keinen Wein ablassen.

Der Bienenstich hat seinen
Namen sehr wahrscheinlich von
dem Honig in seinem Belag.
Dieser besteht ansonsten vor
allem aus Mandelplättchen, die
im Backofen eine so appetitliche
Karamelfarbe annehmen, daß
sich jede Biene darauf sicherlich
nur allzugerne niederlassen
würde.

Bienenstich

Für 6 Personen

Teig
- 100 g Butter
- 50 g Zucker
- 300 g Mehl
- 15 g Backhefe
- 1,5 dl lauwarme Milch

Creme
- 3 Eigelb
- 125 g Zucker
- 1 Päckchen Vanillezucker (oder 1/2 Vanilleschote)
- 1/2 l Milch
- 30 g Mehl
- 30 g Speisestärke
- 1 Eßlöffel Kirschwasser (nach Belieben)

Belag
- 2 Eßlöffel Honig
- 100 g Butter
- 100 g Zucker
- 1 Päckchen Vanillezucker
- 100 g gehackte Mandeln oder Mandelplättchen
- 3 Eßlöffel Milch

Die weiche Butter mit dem Zucker vermischen, das Mehl und die zuvor in 2 Eßlöffeln lauwarmer Milch aufgelöste Hefe zugeben. Die restliche Milch zufügen und das Ganze zu einem glatten Teig verkneten. Mit einem Tuch abdecken und an einem warmen Ort 30 Minuten gehen lassen.

Eine Kuchenform mit hohem Rand mit Butter ausstreichen. Den Teig hineingeben und mit den Händen in die richtige Form ziehen. Nun für den Belag den Honig und die Butter auf kleiner Flamme zum Schmelzen bringen. Den Zucker, die Mandeln und die Milch hinzufügen. Zum Kochen bringen und dann sofort vom Feuer nehmen. Den Belag auf dem Teig verteilen, diesen noch einmal 30 Minuten gehen lassen und dann im Backofen bei mittlerer Hitze (180°C/Stufe 6) 45 Minuten backen.

In der Zwischenzeit die Creme für die Füllung zubereiten. Dazu die Eigelb mit dem Zucker schaumig schlagen. Die Speisestärke und das Mehl zufügen. Die Milch zum Kochen bringen und nach und nach dazugießen. Das Ganze dann unter ständigem Rühren noch einmal aufkochen und anschließend vom Feuer nehmen. Das Kirschwasser zugeben und abkühlen lassen.

Den abgekühlten Kuchen waagrecht in der Mitte durchschneiden, die Creme auf dem Boden verteilen, den Deckel daraufsetzen und schon ist der Bienenstich fertig!

Meine Großmutter bereitete den Bienenstich manchmal auch ohne Cremefüllung zu. Eine andere Variante besteht darin, beim Belag die Mandeln durch Wal- oder Haselnüsse oder eine Mischung aus allen drei verschiedenen Sorten zu ersetzen. Am beliebtesten sind aber im allgemeinen doch die Mandeln.

Mit eme Leffel Honig fangt m'r meh Mucke ass mit eme Fass Essig !
Mit einem Löffel Honig fängt man mehr Fliegen als mit einem Faß Essig !

Wenn ich an Zöpfe denke, sehe ich als allererstes das Bild meiner Großmutter vor mir wie sie sonntags in der *Stub* vor dem geschnitzten Spiegel sorgsam ihre Haare flocht, diese dann kranzförmig um den Kopf legte und die wunderschöne Trachtenhaube aus schwarzem Taft daran befestigte. Voller Stolz schritt ich anschließend neben ihr zur Kirche.

Ebenfalls in glücklicher Erinnerung geblieben ist mir der Hefezopf *(Zopfrinke)*, den meine Mutter samstags mit mehligen Händen auf dem Küchentisch zubereitete. Bevor er in den Backofen kam, bestrich sie ihn noch mit einem Eigelb, das ihm beim Backen seinen so appetitlichen goldbraunen Glanz verlieh.

Hefekranz

Für 6 Personen
- 900 g Mehl
- 3 Eßlöffel lauwarme Milch
- 40 g Backhefe
- 1/2 l Milch
- 125 g Zucker
- 125 g Butter
- 1 Prise Salz
- 3 Eier
- 1 Eigelb (zum Bestreichen)

Die Zutaten sollten Zimmertemperatur haben. Für den Vorteig das Mehl in eine Schüssel geben, in eine Vertiefung die in etwas lauwarmer Milch aufgelöste Hefe gießen. Mit etwas Mehl vermischen und 15 Minuten gehen lassen.

In der Zwischenzeit die Milch, den Zucker, die streichfähige Butter, die Prise Salz und die drei Eier vermengen.

Nach der Viertelstunde diese Mischung nach und nach zum Vorteig geben und diesen solange kneten, bis er sich von der Schüssel löst. Mit einem Tuch abdecken und an einem warmen Ort 45 Minuten ziehen lassen.

Anschließend den Teig in drei Teile teilen und diese Teile zu gleich langen und dicken Teigsträngen rollen. Zu einem ca. 50 cm langen Zopf flechten. Diesen zu einem Kranz schließen und auf ein Backblech oder in eine Kuchenform (ca. 35 cm Durchmesser) legen. Noch einmal 30 Minuten gehen lassen, anschließend mit dem Eigelb bestreichen und 45 Minuten bis 1 Stunde bei mittlerer Hitze (180°C/Stufe 6) im Ofen backen. Vom Blech bzw. aus der Form nehmen und abkühlen lassen.

Dieser Hefekranz paßt ebenso gut zum Frühstück wie - mit einem Glas Wein - zum Aperitif. Eine etwas ungewöhnliche Verwendung findet der Hefekranz im Kochersberg nördlich von Straßburg, wo er auf dem Dorf bei Familienfesten nach dem Hauptgericht zum Käse serviert wird! Am besten harmoniert er dabei mit Schweizer Käse.

D'r liewe Gott gibt uns d'Milch, awer nit de Eimer !
Der liebe Gott gibt uns die Milch, aber nicht den Eimer !

In dem nicht weit von Straßburg gelegenen mittelalterlichen Städtchen Rosheim gibt es sonntags zum Frühstück eine Hefekuchenspezialität mit einem sonderbaren Namen: *Ropfküeche* oder Rupfkuchen. Die Bezeichnung rührt daher, daß der Teig nach dem zweiten Gehen noch einmal kräftig in alle Richtungen gezogen und durchlöchert wird, um Platz für den Belag aus Nüssen, Zucker und Sahne zu schaffen.

Rosheimer Rupfkuchen

Roshemer Ropfküeche

Für 6 Personen (und eine Obstbodenform mit 35 cm Durchmesser)

Teig
- 500 g Mehl
- 125 g Butter
- 100 g Zucker
- 2 Eier
- 25 g Backhefe
- 2 dl Milch

Belag
- 200 g gehackte Walnüsse, Mandeln oder Haselnüsse
- 200 g Zucker
- 2 dl Sahne (oder 2 Eiweiß)
- 1 Eßlöffel Zimt
- 1 Päckchen Vanillezucker

Dieser von den Österreichern während des Dreißigjährigen Kriegs ins Elsaß gebrachte Hefekuchen muß dreimal gehen. Anstatt der Walnüsse können auch Mandeln oder Haselnüsse oder eine Mischung aus allen drei Sorten verwendet werden.

Die Hefe in 3 Eßlöffeln lauwarmer Milch auflösen. Das Mehl in eine Schüssel geben, die zerlassene Butter, den Zucker, die Eier und die aufgelöste Hefe zufügen. Das Ganze gut durchkneten und nach und nach die Milch zugeben bis ein glatter Teig entsteht. Diesen mit einem Tuch abdecken und an einem warmen Ort eine Stunde gehen lassen. Er sollte in dieser Zeit sein Volumen verdoppeln.

Den Teig dann in die eingefettete Form geben. Dabei fällt er wieder in sich zusammen. Deshalb ein zweites Mal gehen lassen, etwa 30 Minuten, wenn möglich auch länger. Dann den Teig in die Höhe ziehen, auseinanderzerren und mit den Fingern kleine Löcher hineingraben. Am Rand den Teig rundherum mit den Fingern bis an die Oberkante der Form drücken.

Nun die gehackten Nüsse, den Zucker, den Vanillezucker, den Zimt und die Sahne (oder die Eiweiß) vermischen. Die Masse auf dem Teig verteilen. Ein drittes Mal ca. 30 Minuten gehen lassen und dann 45 Minuten im Ofen (180°C/Stufe 6) backen. Aus der Form nehmen.

Dieser Kuchen kann wahlweise zum Frühstück, zum Aperitif (zu einem Glas Muskateller) oder nachmittags zu einem Tee oder Kaffee gereicht werden.

Ich komm, wenn d'r Nussbaum Kiechle trajt !
Ich komme, wenn der Nußbaum Krapfen trägt !

Streuselkuchen

Für 6 Personen

Teig
• 400 g Mehl
• 1 Ei
• 1 Prise Salz
• 100 g Butter
• 50 g Zucker
• 3 dl Milch
• 25 g Backhefe

Belag
• 120 g Mehl
• 100 g Zucker
• 1 Eßlöffel Zimt
• 50 g gemahlene
  Mandeln oder
  Walnüsse
• 80 g Butter

Wenn meine Großmutter diesen Kuchen aus dem Backofen holte, achtete sie stets darauf, ihn außerhalb unserer Reichweite auf einen Schrank zu stellen, denn wir taten nichts lieber, als die knusprigen Butter-Zimt-Streusel herunterzuklauben. Bei uns hieß das *klüwe*. Die Streusel zogen uns einfach unwiderstehlich an.

Das Mehl mit dem Ei, dem Salz, der Butter, dem Zucker, der Milch und der in 2 Eßlöffeln lauwarmer Milch aufgelösten Hefe zu einem glatten Teig verkneten. Diesen 30 Minuten gehen lassen, anschließend 2cm dick ausrollen und in eine mit Butter eingefettete Kuchenform geben. An der Oberfläche mit etwas Zuckerwasser (oder Eigelb) bestreichen, damit die Streusel besser haften. Für die Streusel die Butter zerlassen, den Zucker, den Zimt und die Mandeln zufügen. Alles gut vermischen und abkühlen lassen. Dann die Masse mit den Fingerspitzen auf den aufgegangenen Teig bröseln. Die Streusel sollten unregelmäßig sein. Das Ganze noch einmal 1 Stunde gehen lassen und dann bei mittlerer Hitze (180°C/Stufe 6) 30 bis 40 Minuten backen. Abkühlen lassen. Vor dem Servieren kann der Kuchen noch mit Puderzucker bestreut werden.

Aus dem gleichen Teig kann auch ein Zimtkuchen (Zimetküeche) hergestellt werden. Dafür erhält der Teig, der nach dem Gehenlassen mit einem Messer rautenförmig eingeritzt wurde, einen Belag aus 300 g Zucker und etwas Zimt. Vor dem Backen noch einige Butterflöckchen darauf verteilen.

M'r kann nit von de Luft läwe.
Man kann nicht von der Luft alleine leben.

Freitags war bei uns Gugelhupf-Tag. Da zündete die Großmutter in dem angebauten Schuppen, dem *Brennhiisel*, den großen Holzbackofen an, in dem auch das Brot gebacken wurde. Gespannt warteten wir darauf, daß der fertige Gugelhupf aus der Form gestürzt wurde. Wenn er festklebte, legte meine Großmutter einfach ein feuchtes Tuch auf die Form und schon fiel der dampfende Kuchen unversehrt auf das Gitter.

Gugelhupf

Kugelhopf, Köjlupf

Für 2 Formen
mit je ca. 20cm
Durchmesser

- 1 kg Mehl
- 150 g Zucker
- 15 bis 20 g feines Salz
- 300 g Butter
- 3 oder 4 Eier
- 40 cl (etwas weniger als 1/2 l) Milch
- 45 g Backhefe
- 150 g Sultaninen
- ca. 75 g ganze Mandeln
- 1 kleines Gläschen Kirschwasser (nach Belieben)
- 50 g Puderzucker zum Bestäuben

Die Zutaten sollten Zimmertemperatur haben. Als allererstes für den Vorteig die Hefe mit der Hälfte der lauwarmen Milch und etwas Mehl zu einem zähen Teig kneten und diesen an einem warmen Ort gehen lassen bis er ungefähr das doppelte Volumen aufweist. Das restliche Mehl mit dem Salz, dem Zucker, den Eiern und der übrigen warmen Milch in eine Schüssel geben und gut vermischen. Diesen Teig von Hand 15 Minuten gründlich durchkneten. Die in den Händen erwärmte Butter und den aufgegangenen Vorteig zufügen. Das Ganze noch einmal 5 Minuten kneten. Der Teig muß sich vom Schüsselrand lösen. Mit einem Tuch abdecken und an einem warmen Ort ca. 1 Stunde gehen lassen. Dann den Teig mit den Händen leicht klopfen bis er wieder in sich zusammenfällt. Die zuvor in Kirschwasser oder einfaches Wasser getauchten Sultaninen zugeben. Je nach Belieben kann auch noch ein kleines Gläschen Kirschwasser zugefügt werden.

Die Gugelhupfform mit Butter einfetten und unten auf dem Boden in jede Rille eine Mandel (wenn möglich geschält und abgetrocknet) legen. Den Teig in die Form geben und ein zweites Mal gehen lassen. Er sollte praktisch bis zum oberen Rand aufgehen. Dann im vorgeheizten Backofen (200-210°C/Stufe 7) 50 Minuten backen. Falls er zu dunkel zu werden droht, einfach während des Backvorgangs ein Pergamentpapier darauf legen oder die Temperatur auf 180°C (Stufe 6) senken. Aus der Form stürzen und mit Puderzucker bestäuben.

Mit seinem unnachahmlichen Aroma paßt dieser Napfkuchen zum sonntäglichen Frühstück ebenso wie zum Aperitif oder Nachtisch.

Grien Holz un ken Mehl, do isch bees ze bache !
Mit grünem Holz und ohne Mehl ist schlecht zu backen !

Die in einer geschlossenen Pfanne ausgebackenen Hefeteig-kugeln sind ein ungewöhnliches, doch köstliches Dessert. Auf dem Land wurden Dampfnudeln früher oft auch als billiges Hauptgericht aufgetischt.

Dampfnudeln

Für 6 Personen

Teig
- 500 g Mehl
- 25 g Backhefe
- 1/4 l Milch
- 60 g Zucker
- 1 Prise Salz
- 2 Eier
- 60 g Butter

Zum Ausbacken
- 1 Glas Wasser oder Milch
- 20 g Zucker
- 50 g Butter

Meine Großmutter benutzte für die Dampfnudeln eine sogenannte *Ohrepfann*, eine hohe Deckelpfanne mit zwei Henkeln. Während des Backvorgangs war es dabei strengstens verboten, den Deckeln zu heben, denn sonst bestand die Gefahr, daß die Dampfnudeln in sich zusammenfielen.

Die Zutaten sollten Zimmertemperatur haben. Die Hefe in 3 Eßlöffeln lauwarmer Milch auflösen. Das Mehl in eine Schüssel geben, die aufgelöste Hefe, den Zucker, das Salz und die lauwarme Milch hinzufügen. Diesen Teig solange gehen lassen bis sich sein Volumen verdoppelt hat. Erst dann die Eier und die weiche Butter zugeben. Den Teig 5 Minuten kneten, mit einem Tuch abdecken und ein zweites Mal gehen lassen. Wenn er sein Volumen erneut verdoppelt hat, 10 etwa apfelgroße Kugeln daraus formen. Diese auf ein mit Mehl bestäubtes Brett legen und noch einmal 30 Minuten gehen lassen. Die Butter in einem Topf oder einer Deckelpfanne erhitzen und den Zucker karamelisieren. Die Teigkugeln vorsichtig hineinsetzen. Sie dürfen sich nicht berühren. Gleich darauf ein Glas kaltes Wasser (oder Milch) dazugießen und sofort zudecken. Auf sehr kleiner Flamme 15 Minuten ausbacken. Auf keinen Fall während des Backvorgangs den Deckel heben, sonst fallen die Dampfnudeln in sich zusammen. Sie sind durchgebacken, wenn sich an ihrer Unterseite eine Karamelkruste bildet.

Die Dampfnudeln werden heiß mit Apfel- bzw. Birnenkompott oder mit eingelegten Zwetschgen in ihrem Saft serviert. Sehr gut schmeckt dazu auch eine englische Creme.

D'bescht Koscht isch die, wo nit viel koscht !
Die beste Kost ist die, die nicht viel kostet !

Dieser mit Rumsirup getränkte Kuchen hatte für uns Kinder eine ganz besondere Bedeutung. Obwohl durch die Vanillesahne wohltuend abgemildert, wirkte die Schärfe des Alkohols immer noch recht ungewohnt auf unseren Gaumen und gab uns so einen Augenblick lang das Gefühl, erwachsen zu sein. Der Savarin ist eine Variante des *Baba au rhum*, der aus Polen nach Frankreich kam.

Savarin mit Schlagsahne

Savarä mit gschlaawenem Rahm

Teig
- 10 g Backhefe
- 90 g Butter
- 250 g Mehl
- 3 Eier
- 1 Prise Salz
- 1,25 dl Milch
- 25 g Zucker

Soße
- 1/4 l Wasser
- 120 g Zucker
- 1/2 aufgeschlitzte Vanilleschote
- 1/2 Orangenschale
- 1 kleiner Beutel Schwarztee
- 1 dl bis 2 dl brauner Rum

Schlagsahne
- 6 dl Sahne
- 50 g Kristallzucker
- 50 g Puderzucker
- 1 Päckchen Vanillezucker

Die Hefe mit einem Teelöffel Zucker in einem Eßlöffel Milch auflösen. Zur Seite stellen. Die eventuell zuvor im Wasserbad leicht erwärmte Butter in einer Schüssel schaumig rühren. Dann nach und nach das Mehl, die Eier, das Salz, die Milch, den Zucker und zuletzt die aufgelöste Hefe darunterrühren. An einem warmen Ort gut durchkneten. Den Teig dann in eine mit Butter eingefettete und mit Mehl bestäubte Form geben. Er sollte ein Drittel der Form ausfüllen. An einem warmen Ort (ca. 26 bis 28°C) gehen lassen. Sobald er sein Volumen verdoppelt hat und nur noch ca. 2 cm vom Rand der Form entfernt ist, im Ofen bei 210° bis 240° (Stufe 7-8) 20 Minuten backen. In eine Schale stürzen und abkühlen lassen. Für die Soße das Wasser mit dem Zucker, der Vanilleschote und der Orangenschale zum Kochen bringen und dann vom Herd nehmen. Den Rum zufügen und den Schwarztee im Beutel kurz (ca. 5 Sekunden) darin ziehen lassen. Der Tee gibt der Soße ein kräftigeres Aroma und eine schöne goldbraune Farbe. Die heiße Soße so über den Savarin gießen, daß dieser gut durchtränkt wird. Abkühlen lassen. Die Schlagsahne wird im letzten Moment zubereitet. Mit dem Schneebesen eines elektrischen Rührgeräts die (gut gekühlte) Sahne schlagen. Sobald sie etwas dicker wird, den Zucker zufügen. Die Sahne in die Mitte des Savarins geben oder extra in einer Schale servieren.

Anstatt des Rums kann auch Kirschewasser *(Kirschwasser) oder* Quatschelwasser *(Zwetschgenwasser) verwendet werden.*

Es isch nit alle Daa Sundaa!
Es ist nicht alle Tage Sonntag!

Wenn am ersten Adventssonntag in Straßburg der Christkindelsmärik seine Buden öffnet, verbreitet sich der Weihnachtszauber *wie'n a Lauffiir* (wie ein Lauffeuer) über das ganze Elsaß. Nicht fehlen darf dabei natürlich auch der Duft des Glühweins, der Lebkuchen und sonstigen Weihnachtsbäckereien.

Teigmännchen

Mannala

Teig
- 500 g Mehl
- 1,5 dl Milch
- 3 Eier
- 20 g Backhefe
- 150 g Butter
- 100 g Zucker
- 1 Päckchen Vanillezucker
- 8 g feines Salz
- 1 Eßlöffel Orangenblütenwasser (nach Belieben)

Zum Verzieren
- 2 Eigelb, in denen ein Eßlöffel Kaffee aufgelöst wurde (zum Bestreichen)

oder

- 100 g Puderzucker mit etwas Wasser angerührt
- Rosinen, Mandeln, Haselnüsse

Die elsässischen Kinder bereiten sich mit grosser Begeisterung auf den Besuch des heiligen Nikolaus vor. Sie suchen nicht nur Karotten und Kohlblätter für seinen Esel zusammen, sondern kneten auch mit Feuereifer den Teig für die *Mannala*, die sie dann am 6. Dezember verzehren dürfen.

Die Milch leicht erwärmen (ca. 30°C), die streichfähige Butter, den Zucker, den Vanillezucker und das Salz zugeben. Die zerbröselte Hefe daruntermischen und das Ganze an einem warmen Ort 15 Minuten ruhen lassen. Dann das Mehl in eine Schüssel geben, in eine Vertiefung die Hefemasse und nacheinander die Eier geben. Zu einem geschmeidigen Teig kneten. An einem warmen Ort eine Stunde gehen lassen.

Nun aus dem Teig kleine Männchen formen. Für Arme, Beine usw. kleine Teigstücke mit den Händen rollen. Zum Einschneiden können Messer oder Scheren benutzt werden. Für die Augen und Knöpfe Rosinen verwenden. Die Männchen auf ein mit Butter eingefettetes Blech legen. Nochmal 1/2 Stunde gehen lassen und dann mit den Eigelb, in denen zuvor ein Eßlöffel Kaffee (er sorgt für mehr Glanz) aufgelöst wurde, bestreichen. Wenn die Männchen nach dem Backen einen Zuckerguß erhalten sollen, ist dies überflüssig. Im Backofen bei mittlerer Hitze (180°C/Stufe 6) 25 bis 30 Minuten backen.

In seiner herrlichen Beschreibung der »alten elsässischen Tafelfreuden« (1862) erwähnt Charles Gérard ein ähnliches Backwerk namens »Moze«, eine Art kleine, kreuzförmig eingeschnittene Brioche mit einer Eiweißglasur. Es wurde im Unterelsaß von alters her zu kirchlichen Fest- und Feiertagen gebacken.

M'r müess d'Feschter fiire wie sie falle !
Man muß die Feste feiern wie sie fallen !

Dieser Kuchen ist in vielfacher Hinsicht ungewöhnlich. Schon der Teig wird zwar mit Hefe zubereitet, gehen darf er jedoch nicht an einen warmen Ort, sondern im Kühlschrank, daher der Name »kalter Teig«. Gebacken werden kann der Kuchen zu jeder Jahreszeit, denn für den Belag werden Dörrpflaumen verwendet. Er hält sich auch ohne weiteres eine Woche.

Kirmeskuchen

Für 2 Kuchen
(ca. 30 cm
Durchmesser)

Teig
- 20 g Backhefe
- 500 g Mehl
- 50 g Zucker
- 150 g Butter
- 1 dl Sahne oder
  Milch

Belag
- 1,3 kg Dörrpflaumen
- 1 Eßlöffel Zucker
- 1 Teelöffel Zimt
- 1 Eßlöffel Sahne
- 1 Eigelb (zum
  Bestreichen)

**Der Kirmes- oder *Messtikuchen*,
wie er im Elsaß u.a. heißt, ist vor
allem im Nordelsaß zu finden.
Dieses Rezept kommt von
Madeleine Stoebner aus
Diemeringen.**

Die Dörrpflaumen am Vorabend in einen Topf geben, mit
Wasser bedecken und zum Kochen bringen, damit sie wieder
aufquellen. Abkühlen lassen. Dann den sogenannten »kalten
Teig« zubereiten. Dafür die Hefe mit den Fingern zerbröseln
und mit dem Mehl vermischen. Den Zucker und die weiche
Butter zugeben. Den Teig gründlich kneten. Dabei soviel
Sahne oder Milch zu geben, daß ein fester, glatter Teig
entsteht. An einem kühlen Ort (im Kühlschrank) 1 bis
2 Stunden ruhen lassen.
In der Zwischenzeit die Zwetschgen entsteinen und durch
die Gemüsemühle drehen (grobe Lochscheibe). Den Zucker,
den Zimt und die Sahne zugeben. Falls die Masse für den
Belag nicht reicht, kann sie mit etwas Apfelkompott
gestreckt werden.
Den Teig ausrollen. Zwei Obstbodenformen (30 cm
Durchmesser) damit auslegen. Dabei etwas Teig für die
Streifenverzierung aufheben. Die Zwetschgenmasse auf dem
Teig verteilen. Mit diagonal angeordneten Streifen (wie bei
der Linzertorte) verzieren. Diese Streifen mit Eigelb
bestreichen. In den Ofen geben und 35 bis 40 Minuten bei
210° (Stufe 7) backen.

*Anstelle der gedörrten Pflaumen kann auch ein Kompott
aus gekochten Äpfeln verwendet werden. Eine weitere
Variante besteht darin, für den Boden Blätterteig zu
nehmen. Dies ergibt ein sehr feines, erlesenes Dessert.*

E Derfel kann noch so klein sinn, emol im Johr isch Kilwe drin !
Ein Dorf kann noch so klein sein, einmal im Jahr ist Kirmes !

Osterlämmchen

Für 6 bis 8 Lämmchen
- 8 Eier
- 250 g Kristallzucker
- 1 Päckchen Vanillezucker
- 150 g gesiebtes Mehl
- 100 g Speisestärke
- 1 Prise Salz
- 50 g Butter und 50 g Mehl (für die Form)
- 100 g Puderzucker (zum Bestäuben)

Wenn Ostern vor der Tür stand, konnte ich es kaum erwarten, daß meine Mutter mit dem Backen der Osterlämmchen begann. Sie benutzte dafür sehr alte, zweiteilige Formen aus gebranntem Ton. Die beiden Teile wurden dabei mit dünnen Weidenzweigen, den *Widdle* zusammengebunden. Meine größte Freude war es, die fertigen Lämmer mit einem Fähnchen aus Seidenpapier in den Farben gelb und weiß (den Farben des Papstes) oder rot und weiß (den Farben des Elsaß) zu schmücken.

Die Eiweiß von den Eigelb trennen. Die Eigelb mit dem Zucker und Vanillezucker schaumig rühren. Das Mehl und die Speisestärke zufügen. In einem anderen Gefäß die Eiweiß mit der Prise Salz zu Schnee schlagen und diesen vorsichtig unter den Teig heben. Die Lämmchenformen gut einfetten und mit Mehl bestäuben. Den Teig hineingießen. 40 Minuten im 180°C heißen Backofen (Stufe 6) backen. Mit einem Messer hineinstechen, um zu prüfen, ob die Lämmchen fertig sind. Der Teig darf nicht mehr daran kleben bleiben, sonst weitere 5 Minuten backen. Wenn sie durchgebacken sind, die Backofentür öffnen und die Lämmchen im Ofen in ihrer Form 5 Minuten abkühlen lassen, bevor diese geöffnet wird. Die fertigen Lämmchen mit Puderzucker bestreuen und mit bunten Fähnchen schmücken.

Zum Osterfrühstück schmecken diese Lämmchen besonders köstlich, wenn sie in Kaffee oder Kakao getaucht werden.

Es gehn viel geduldigi Schof in eine Stall !
Es haben viel geduldige Schafe in einem Stall Platz !

Biskuittorte

Für 8 Personen
(und eine runde
Biskuitform mit ca.
35 cm Durchmesser)

Teig
- 4 bis 5 ganze Eier
- 125 g Zucker
- 125 g gesiebtes Mehl
- 50 g zerlassene
  Butter
- 20 g Butter und 20 g
  Mehl (für die Form)

Buttercreme
- 6 Eigelb
- 250 g Butter
- 175 g Kristallzucker
- *je nach Geschmack
  1 Eßlöffel
  Kirschwasser,
  1 Päckchen
  Vanillezucker,
  geschmolzene
  Schokolade,
  1 Eßlöffel Kaffee-
  Extrakt oder
  ähnliches*

Zuckerguß
- 150 g Puderzucker
- 1 Eiweiß
- 1 Teelöffel
  Zitronensaft

Zum Verzieren
- Zuckerverzierungen
  (Veilchen, Mimosen,
  Perlen)
- bemalte bzw.
  bedruckte Oblaten

Ganz gleich ob Taufe, Kommunion, Konfirmation oder Hochzeit, ein Familienfest in einem elsässischen Dorf ohne Biskuittorte ist unvorstellbar. Mit seiner Buttercremefüllung und den Verzierungen aus Silberperlen, Zuckerveilchen und -mimosen oder Oblatenbildchen ist der gefüllte Biskuit eine Freude fürs Auge und den Gaumen zugleich.

Die Form mit Butter einfetten, mit Mehl bestäuben und kühlstellen. Die ganzen Eier im Wasserbad mit dem Zucker zu einer dicken, schaumigen Masse schlagen, deren Temperatur für die Haut noch gut erträglich ist (45 bis 50°C). Das Mehl in kleinen, regelmäßigen Mengen dazugeben, vorsichtig mit einem Holzlöffel darunterheben. Den Teig in die Form geben und bei 160 bis 180°C (Stufe 5-6) 25 bis 30 Minuten backen. Auf ein Kuchengitter stürzen.

Für die Buttercreme die Eigelb mit dem Zucker im Wasserbad schlagen bis eine dicke Masse entsteht. In einer anderen Schüssel die Butter schaumig rühren und diese dann zu der Zucker-Eier-Masse geben. Mit einem der Aromastoffe verfeinern. Den Biskuit waagrecht in drei Scheiben schneiden, diese mit der Buttercreme bestreichen und dann wieder aufeinandersetzen.

Für den Zuckerguß den Puderzucker mit dem Eiweiß verrühren. Das Ganze 10 Minuten mit dem elektrischen Rührgerät rühren. Den Zitronensaft zugeben. Den Guß auf die Biskuittorte geben und mit einem Messer gleichmäßig verstreichen. Mit Hilfe einer Spritztülle Verzierungen mit Buttercreme aufbringen und mit Zuckerblumen, -perlen oder Oblaten schmücken.

Nooch d'r Kilwe gibt's vielmols Hochzit !
Nach der Kirmes gibt es oft Hochzeiten !

Gesundheitskuchen

Gesundheitsküeche

Für 6 Personen
- 125 g Butter
- 4 Eier
- 125 g Zucker
- 1,5 dl Milch
- 1 Päckchen Vanillezucker
- 1/2 Päckchen Backpulver
- 250 g Mehl

Ich liebe diesen stollenförmigen, goldgelben, einfachen Kuchen, der die Erwartungen nie enttäuscht. Er ist gewissermaßen ein Stück meiner Kindheit.
Eine Scheibe Gesundheitskuchen schmeckt immer, sei es zum Dessert oder zum Kaffee. In meinen Erinnerungen ist es eine Art Großmutter-Kuchen. Meine Großmutter hatte stets einen Gesundheitskuchen im Haus, für den Fall, daß unangemeldete Besucher kommen sollten. Und die Gäste, die sie besonders schätzte, bekamen dazu auch noch ein Glas Malaga-Wein oder selbstgemachten *Kanzistrii-welwin* (Johannisbeerwein).

Die Butter in einer vorgewärmten Schüssel mit einem Holzlöffel schaumig rühren. Die 4 Eigelb und den Zucker zufügen. Diese Masse nun mit dem elektrischen Rührgerät schlagen bis sie hell und cremig ist. Die Milch, den Vanillezucker, das Backpulver und Mehl zugeben.
Die Eiweiß zu Schnee schlagen und zum Teig geben. Eine Kastenform mit Butter einfetten und mit Mehl bestäuben. Damit sich der Kuchen später besser aus der Form löst, kann diese auch mit Pergamentpapier ausgelegt werden. Den Teig hineingeben. Im Ofen bei 180-200°C (Stufe 6-7) 50 Minuten backen. Mit einer Stricknadel oder einem Messer in den Kuchen stechen, um zu prüfen, ob er fertig ist. Beim Herausziehen darf kein Teig mehr daran haften.
Aus der Form stürzen und auf einem Gitter abkühlen lassen.

Zu viel isch ungsund !
Zu viel ist ungesund !

Karottenkuchen

Gälerüeweküeche

Für eine große oder zwei mittelgroße Kastenformen

- 5 Eier
- 250 g Zucker
- 30 g Speisestärke
- der Saft und die Schale von einer oder zwei Orangen bzw. Zitronen
- 250 g gemahlene Mandeln
- 1 dl Rum oder Kirschwasser
- 10 g Zimt
- 250 g geriebene Karotten

Mit diesem Kuchen erzielen Sie garantiert einen großen Überraschungseffekt. Meine Großmutter nannte ihn auch *Vogesekueche* (Vogesenkuchen). Sie verwendete dafür bevorzugt zarte Karotten, einen besonders feinen Geschmack geben ihm die ersten Frühkarotten. Wer die Hektik in letzter Minute scheut, wenn Gäste zu Besuch kommen, ist mit dem Karottenkuchen gut beraten. Er sollte erst ein bis zwei Tage nach dem Backen verzehrt werden. An einem kühlen Ort hält er sich ohne weiteres auch eine Woche.

Die Eigelb von den Eiweiß trennen. Die Eigelb und den Zucker mit dem Schneebesen schaumig rühren. Die Speisestärke sowie die Schale und den Saft von ein oder zwei Orangen bzw. Zitronen hinzufügen. Die gemahlenen Mandeln nach und nach zugeben. Mit dem Rum und dem Zimt abschmecken. Die fein geriebenen und mit der Hand leicht ausgepressten Karotten zugeben. Die Eiweiß zu Schnee schlagen und vorsichtig unter diese Masse heben. Den Teig in eine gut eingefettete Form gießen und bei mittlerer Hitze (160°-180°C/Stufe 5-6) 50 bis 60 Minuten backen. Aus der Form stürzen. Gegessen werden sollte der Kuchen erst am nächsten oder übernächsten Tag.

s'Prahlhanse Hiehner läje Eier mit zwei Dotter!
Des Prahlhanses Hühner legen Eier mit zwei Dottern!

Himbeerkuchen
(und Erdbeerkuchen)

Himbeeretart un Ardbeeretart

Für eine Obstbodenform mit 26 cm Durchmesser

Teig
- 1 Ei
- 125 g Zucker
- 1 Päckchen Vanillezucker
- 1 Prise Salz
- 100 g Butter
- 250 g Mehl

Schlagsahne
- 25 cl Sahne
- 2 Päckchen Vanillezucker
- 50 g Puderzucker

Belag
- 500 g Erdbeeren oder Himbeeren
- 50 g Puderzucker

Unsere Himbeersträucher versteckten sich zwischen der Klematishecke und den Zweigen des Lorbeerbaums. In ihrem Schutz konnten die roten Früchte ihren ganzen Duft entfalten. Ihre Saison begann, wenn die der Erdbeeren zu Ende ging. Um Johannis hatten wir dennoch manchmal das Glück, einen Kuchen gleichzeitig mit Erdbeeren und Himbeeren belegen zu können.

Das ganze Ei mit dem Zucker, Vanillezucker und Salz in einer Schüssel mit dem Schneebesen verrühren. Sobald sich der Zucker aufgelöst hat, die streichfähige Butter hinzufügen und das Ganze schaumig rühren. Das Mehl in einem Mal dazugeben, darunterarbeiten und den Teig zu einer Kugel formen. 1 Stunde an einem kühlen Ort ruhen lassen.

Den Teig dann ca. 5 mm dick ausrollen und die Form damit auslegen. Den Teigboden mit einer Gabel mehrmals einstechen und im Backofen bei mittlerer Hitze (150°C/Stufe 5) 25 Minuten backen. Abkühlen lassen.

Die gut gekühlte Sahne mit einem elektrischen Rührgerät steif schlagen. Wenn sie anfängt, fest zu werden, den Zucker und Vanillezucker zufügen. Die Sahne auf den erkalteten Kuchenboden streichen. Die Erdbeeren oder Himbeeren daraufsetzen. Kühlstellen und kurz vor dem Servieren mit Puderzucker bestäuben.

Ein glänzender Tortenguß kann aus 3 Eßlöffeln Johannisbeergelee hergestellt werden, das mit einigen Tropfen Wasser zum Kochen gebracht und dann mit einem Pinsel auf die Früchte aufgetragen wird.

Geteilti Freid isch doppelti Freid, geteilts Leid isch halbs Leid.
Geteilte Freude ist doppelte Freude, geteiltes Leid ist halbes Leid.

Linzer Torte

**Für eine
Obstbodenform mit
26 cm Durchmesser**

Teig
- 3 hartgekochte Eier
- 125 g Butter
- 150 g Mehl
- 100 g Zucker
- 1 Päckchen
  Vanillezucker
- 120 g gemahlene
  Mandeln
- 1 Eßlöffel
  Kirschwasser (oder
  Rum)
- 1 Teelöffel Zimt
- 1 Messerspitze
  gemahlene Nelken
  (nach Belieben)
- etwas geriebene
  Zitronenschale (nach
  Belieben)

Belag
- 200 g Konfitüre
  (*vorzugsweise aus
  Himbeeren,
  ansonsten aus
  Brombeeren oder
  Preiselbeeren*)
- Teigreste
- 1 Eigelb (zum
  Bestreichen der
  Bänder)

Dieser Kuchen ist aus dem elsässischen Leben nicht wegzudenken. Daran ändert auch die Tatsache nichts, daß schon die alten Römer ihre Torten mit Teigstreifen verzierten und die Stadt Linz in Österreich liegt. Wahrscheinlich haben die Österreicher uns die Linzer Torte im Dreißigjährigen Krieg mitgebracht.

Die harten Eier auseinanderschneiden, die Eigelb herausnehmen (die Eiweiß werden nicht verwendet) und mit einer Gabel zerdrücken. Die streichfähige Butter zugeben und das Ganze mit einem Holzlöffel verrühren. Dann nacheinander das Mehl, den Zucker, den Vanillezucker, die Mandeln, das Kirschwasser (oder den Rum), den Zimt, das Nelkenpulver und die Zitronenschale zufügen. Alles zusammen von Hand gut durchkneten. Da dieser Teig nicht zu ruhen braucht, kann er sofort auf einem mit Mehl bestäubten Brett ca. 5mm dick ausgerollt werden. Die Kuchenform mit dem ausgerollten Teig auslegen. Dabei einige Teigreste für die Verzierung übrig lassen. Die Konfitüre auf dem Kuchenboden verteilen. Mit einem Teigrädchen oder einem Messer aus den Teigresten Streifen herausschneiden und diese rautenförmig auf der Konfitüre anordnen. Die Streifen mit einem Eigelb bestreichen. Die Torte bei mittlerer Hitze (175°C/Stufe 6) 35 bis 40 Minuten backen.
Erst nach dem Abkühlen aus der Form nehmen.

Eine Linzer Torte schmeckt zu Tee, Kaffee oder Kakao ebenso gut wie zu einem Glas Muskateller oder Grauburgunder. Meine Großmutter schenkte sich ab und zu auch ein Glasel Himbeereschnaps dazu ein, unter dem Vorwand, dieser würde die Verdauung anregen.

Besser e Stick Brot im Sack ass e Fedder uf'm Hüet !
Besser ein Stück Brot in der Tasche als eine Feder am Hut !

Für diesen Kuchen können sowohl Stachelbeeren als auch Trauben verwendet werden. Stachelbeeren sind im Elsaß heute leider nur noch selten zu finden. Dabei ergeben die prallen gelbgrünen, borstig behaaren Früchte, die einen ganz eigenen Geschmack besitzen, köstliche Kuchen und Konfitüren. Im Mittelalter benutzte man Stachelbeeren zum Würzen von Fisch. Im Elsaß werden die Früchte auch *Krachelbeer*, *Grüewelsbeer* oder *Grüselbeer* genannt.

Stachelbeerkuchen
(und Traubenkuchen)

Für eine Springform mit ca. 22 cm Durchmesser

Teig
- 200 g Mehl
- 100 g Butter
- 40 g Zucker
- 5 cl Weißwein oder Wasser

Belag
- 750 g rohe, abgebeerte Trauben oder 750 g nicht zu reife und eine Minute blanchierte Stachelbeeren
- 3 Eier
- 200 g Zucker
- 100 g gemahlene Mandeln
- 2 Eßlöffel Paniermehl
- 40 g Puderzucker (zum Bestäuben)

Stachelbeeretart un Triweltart

Die von den Römern ins Elsaß gebrachten Weinstöcke bedecken heute große Teile der Region. Einen besonders überwältigenden Anblick bieten sie bei Sonnenschein, wenn sich das Licht in den endlosen Rebgassen bricht. Für diesen Kuchen eignen sich am besten helle Trauben mit nicht zu großen Kernen.

Das Mehl in eine Schüssel geben und mit den Fingerspitzen sehr schnell die weiche Butter, den Zucker und zuletzt den Wein (oder das Kirschwasser) einarbeiten. Mindestens eine Stunde, am besten aber über Nacht an einem kühlen Ort ruhen lassen. Die mit Butter eingefettete und mit Mehl bestäubte Form mit dem Teig auslegen. Die Früchte vorbereiten. Bei der Verwendung von Trauben diese waschen und in der Mitte durchschneiden, um die dicksten Kerne zu entfernen. Bei der Verwendung von Stachelbeeren diese waschen und in kochendem Wasser ca. 1 Minute blanchieren (um ihnen ein Teil ihrer Säure zu nehmen). Die Früchte zum Abtropfen in ein Salatsieb geben. Die Eigelb von den Eiweiß trennen. Mit einem Rührgerät Eigelb und Zucker schaumig rühren, dann mit einem Holzlöffel die gemahlenen Mandeln, das Paniermehl und die Früchte untermengen. Die Eiweiß zu Schnee schlagen und diesen vorsichtig unter die Masse heben. Auf dem Teig verteilen und im heißen Ofen (210°C/Stufe 7) 30 bis 35 Minuten backen. Abkühlen lassen und kurz vor dem Servieren mit Puderzucker bestäuben.

Zu diesem Kuchen paßt sehr gut ein Glas Muskateller, Gewürztraminer oder auch eine Tasse Jasmintee.

Was nutzt e grossi Platt, wenn nix drowe isch ?
Was nützt eine große Platte, wenn nichts drauf ist ?

Rahmkuchen

Für eine Obstbodenform mit ca. 26 cm Durchmesser

Teig
- 250 g Mehl
- 125 g Butter
- 1 Ei
- 1 Prise feines Salz
- 40 g Zucker
- 1/2 Päckchen Backpulver
- 2,5 cl Wasser oder Milch

Belag
- 2 ganze Eier + 1 Eigelb
- 1/4 l Sahne
- 125 g Zucker
- 1 Päckchen Vanillezucker

Gleich nach dem Melken goß meine Großmutter die für den Eigengebrauch bestimmte Milch in den *Melichhafe*, einen graublauen Krug aus Betschdorfer Steingut. Schon nach wenigen Stunden konnte dann der Rahm, der sich oben auf der Milch abgesetzt hatte, mit einer Kelle abgeschöpft werden. Wenn die Obstsaison vorüber war, verwendete ihn meine Großmutter oft für diesen einfachen, doch wohlschmeckenden Kuchen.

Das Mehl in eine Schüssel geben. Die in kleine Würfel geschnittene Butter hinzufügen und alles zusammen mit den Fingerspitzen schnell vermengen. Das Ei, das Salz, den Zucker und das Backpulver zugeben. Schnell verkneten und dann nach und nach das Wasser zufügen. Den Teig zu einer Kugel formen und 1 Stunde an einem kühlen Ort ruhen lassen. Anschließend 5mm dick ausrollen und in die eingefettete Form geben.

Für den Belag mit einem Schneebesen die Eier mit dem Zucker und Vanillezucker verrühren. Die Sahne zugeben. Die Masse auf den Teig gießen. Im Ofen bei 180-210°C (Stufe 6-7) 35 bis 40 Minuten backen. Aus der Form nehmen und abkühlen lassen.

Manchmal verfeinerte meine Großmutter den Rahmkuchen mit Zimt. Dabei gab sie anstatt des Vanillezuckers einen Eßlöffel Zimt in den Belag. Ganz gleich ob mit Vanillezucker oder Zimt, der Kuchen paßt hervorragend zu einem Tee, Kaffee, Kakao oder einfach einer Tasse heißer Milch.

D'r Lieb gott gibt uns d'Küeh awer's Leitsel nit derzüe !
Der liebe Gott gibt uns die Kuh, aber nicht das Halfter dazu !

Käsekuchen

**Für eine
Obstbodenform mit
32 cm Durchmesser
oder eine
Springform mit
25 cm Durchmesser**

Teig
- 250 g Mehl
- 125 g Butter
- 40 g Zucker
- 1 Päckchen
  Vanillezucker
- 1 Prise feines Salz
- 5 cl Wasser oder
  Milch

Belag
- 500 g Quark
  (40 % Fett)
- 1 dl Sahne
- 3 Eier
- 40 g Speisestärke
- 150 g Zucker
- 1 Päckchen
  Vanillezucker

*nach Belieben : eine
Handvoll in
Kirschwasser oder
Rum getauchte
Rosinen, geriebene
Zitronenschale*

Zu Hause haben wir den Quark immer selbst gemacht. Dazu wird die *Melich* (Milch) zunächst an einen warmen Ort gestellt. Sobald sie dick geworden ist, läßt man sie dann in einem mit einem dünnen *Kastiechel* (Käsetuch) ausgekleideten *Kasreifel* (Käsesieb) abtropfen. Das Ergebnis ist ein grober Quark, der im Elsaß den Namen *Bibbeleskäs* trägt.

Das Mehl und die kleingewürfelte Butter mit den Fingerspitzen sehr schnell vermengen. Den Zucker, Vanillezucker, das Salz und nach und nach das Wasser zugeben. Den Teig zu einer Kugel formen und 1/2 Stunde an einem kühlen Ort ruhen lassen, bevor er 3mm dick ausgerollt und in die Form gegeben wird. In einer Schüssel mit einem Schneebesen den Quark, die Sahne, die Eigelb, die Speisestärke, den Zucker und den Vanillezucker verrühren. Die Eiweiß zu einem festen Schnee schlagen. Vorsichtig unter die Quarkmasse heben und das Ganze auf den Teigboden geben. Im Backofen bei 210°C (Stufe 7) 40 bis 45 Minuten backen. Wenn der Kuchen fertig ist, 5 Minuten warten, dann ein Gitter auf die Form legen und das Ganze umdrehen. Die Form entfernen und den Kuchen auf dem Kopf abkühlen lassen. Wenn er nur noch lauwarm ist, wird er umgedreht und auf die Servierplatte gegeben. Auf diese Weise sinkt der Quark nicht zu sehr ein und außerdem sorgt der Kuchendraht mit seinem Abdruck für eine Art Verzierung.

Der Käsekuchen wird lauwarm oder kalt zu einem Kaffee, einem Glas Sylvaner oder Gewürztraminer serviert.

D'Storche nischte nit uf de Miehle üs Furcht ass d'r Miller ihri Eier stählt.
Die Störche nisten nicht auf der Mühle aus Angst, daß der Müller ihre Eier stiehlt.

Walderdbeerkuchen
(und Johannisbeerkuchen)

Waldarbeereküeche un Kanzistriwelküeche

Für eine Springform
mit ca. 22 cm
Durchmesser oder
eine Obstbodenform
mit ca. 32 cm
Durchmesser

Teig
- 250 g Mehl
- 100 g Butter
- 100 g Zucker
- 2 Eigelb
- 1 dl Weißwein

Belag
- 5 Eiweiß
- 200 g Kristallzucker
- 100 g gemahlene
  Mandeln
- 500 g abgebeerte
  Johannisbeeren
  vermischt mit
- 100 g Zucker
oder
- 500 g ungezuckerte
  Walderdbeeren
- 50 g Puderzucker

Mit ihren gleichmäßig gezackten grünen Blättern, den strahlend weißen Blüten und den herrlichen roten Früchten bieten die Walderdbeeren ein so harmonisches Bild, daß man sie kaum zu pflücken wagt. Doch ihr köstliches Aroma ist einfach unwiderstehlich. Besonders gut zur Geltung kommt es in diesem Kuchen, der allerdings auch mit Johannisbeeren zubereitet werden kann.

Der aus Skandinavien stammende Johannisbeerstrauch verschönert die Gärten mit seinen kleinen Beeren, die je nach der Sorte dunkel-, hellrot oder fast ganz weiß sein können. Im Elsaß werden sie mancherorts *Kanzistriwel* genannt, was soviel heißt wie Johannistagtrauben (*Kanzdi:* Johannistag, *Triwel:* Trauben).

Für den Teig die oben genannten Zutaten in der angegebenen Reihenfolge miteinander vermischen. Den fertigen Teig 1/2 Stunde an einem kühlen Ort ruhen lassen und dann in die eingefettete Form geben.

Die Eiweiß mit dem Zucker zu Schnee schlagen, die Mandeln und anschließend die (zuvor gezuckerten) Johannisbeeren oder ungezuckerten Walderdbeeren vorsichtig darunterheben. Bei 210°C (Stufe 7) 30 Minuten backen. Dann die Temperatur auf 150°C (Stufe 5) senken und 20 bis 30 Minuten weiterbacken. Abkühlen lassen. Wenn der Kuchen lauwarm ist, mit Puderzucker bestreuen.

Ein solcher Obstkuchen kann auch mit einem Mürbeteig ohne Eier zubereitet werden. Serviert wird er am besten lauwarm.

Unsere Herrgott will nit, dass 's Wissbrot uf de Baim wachst.
Gott will nicht, daß das Weißbrot auf den Bäumen wächst.

Ganz gleich ob roh, als Kompott, als Konfitüre, als Saft oder auf dem Kuchen, die kleinen dunklen Früchte des in den Wäldern wachsenden Heidelbeerstrauchs sind einfach eine Köstlichkeit. Als Kind ging ich jeden Sommer mit meiner Mutter und meiner Tante Jeanne Heidelbeeren pflücken. Und während die beiden mit flinken Händen die Beeren abzupften, trieb ich mich im Wald herum, in dem die süßen Früchte überall zum Naschen verlockten.

Heidelbeerkuchen
(und Brombeerkuchen)

Heidelbeereküeche un Brombeereküeche

Für eine Obstbodenform mit 32 cm Durchmesser

Teig
- 250 g Mehl
- 125 g Butter
- 1 Ei
- 40 g Zucker
- 1 Prise Salz
- 5 cl Sahne

Belag
- 700 g frische Heidelbeeren
- 200 g Zucker

oder

- 700 g frische Brombeeren
- 200 bis 250 g Zucker

Schlagsahne
- 1/2 l Sahne
- 100 g Zucker
- 1 Päckchen Vanillezucker

Mein Onkel René hatte einen Wunschtraum, den er mit Beharrlichkeit zu realisieren suchte. Er wollte bei sich in der Bretagne Heidelbeeren zum Wachsen bringen. So nahm er von jeder Elsaß-Reise Heidelbeerpflanzen mit nach Hause. Manchmal schickten wir ihm sogar welche mit der Post bis nach Perros-Guirec. Doch die Mühe war vergebens. Die Pflanzen gingen lieber ein, als in ständiger Sehnsucht nach ihren Wäldern und siliziumreichen Böden dahinzuvegetieren.

Für den Mürbeteig das Mehl in eine Schüssel geben, die gewürfelte Butter zufügen und das Ganze schnell vermischen. Das Ei, den Zucker, das Salz und dann die Sahne zugeben. Den Teig zu einer Kugel formen und an einem kühlen Ort mindestens 1/2 Stunde ruhen lassen. Ausrollen und die eingefettete Form damit auslegen. Die Früchte daraufgeben und im Ofen bei 210°C (Stufe 7) 35 bis 40 Minuten backen. Danach mit Zucker bestreuen. Serviert wird der Kuchen lauwarm oder kalt mit Schlagsahne. Dafür die Sahne mit dem elektrischen Rührgerät steif schlagen, wobei der Zucker zugegeben wird, sobald sie fest zu werden beginnt.

Für die Heidelbeere gibt es im Elsaß die unterschiedlichsten Bezeichnungen. So wird sie in der Gegend von Colmar Grambeer, *im Munstertal* Buljer, *im Dollertal* Boljer, *in Oberbruck bei Masevaux* Waldbeer *und in Oltingue am Rande des Sundgau* Blauibeer *genannt.*

Heidelbeere, Heidelbeere, s'Mässel fer e Kritzer, un kaufe sie d'Schwowe nit, so kaufe sie d'Schwitzer!
Heidelbeeren, Heidelbeeren, das Maß für einen Kreuzer, und kaufen sie die Schwaben nicht, dann kaufen sie die Schweizer!

Apfelkuchen

Apfelküeche

**Für eine
Obstbodenform mit
32 cm Durchmesser**

Mürbeteig
- 300 g Mehl
- 150 g Butter
- 1 Prise Salz
- 50 g Zucker
- 1 Päckchen
  Vanillezucker
- 1 dl Wasser

Belag
- 1,2 kg Äpfel
- 2 Eier
- 140 g Zucker
- 1 Päckchen
  Vanillezucker
oder
- 1 Teelöffel Zimt
- 2 dl Sahne

Für Apfelkuchen eignen sich am besten die alten, anspruchslosen Apfelsorten. Als Kind wartete ich alljährlich ungeduldig auf die ersten Äpfel. Es waren die sogenannten *Arnaepfel* (Ernteäpfel) und wenn sie ins Gras herunterfielen, hätte ich nichts lieber getan, als ihre verletzten Wangen zu kurieren. Als nächstes waren dann die kanadischen Reinettes, die Cox's Orange oder die Rosenäpfel reif. Im Elsaß gibt es mehr als 200 verschiedene Apfelsorten! Die Palette reicht von dem roten *Christkindel* über die gelbe *Schofnase* bis hin zu dem rosaroten *Bohnapfel*. Und wenn meine Mutter ans Backen ging, hoffte ich immer, daß etwas Teig für ein *Apfellaiwele*, eine Art Apfeltasche, übrigblieb.

Für den Mürbeteig die kalte Butter in Würfel schneiden und diese mit den Fingerspitzen schnell unter das Mehl arbeiten. Zu der dabei entstehenden krümeligen Masse das Salz, den Zucker, den Vanillezucker und nach und nach das Wasser dazugeben. Den Teig 1/2 Stunde an einem kühlen Ort stehen lassen. Etwas Mehl auf den Tisch streuen und den Teig darauf ca. 3 mm dick ausrollen. Die gut eingefettete Form damit auslegen. Die Äpfel schälen und vierteln. Die Apfelschnitze vom Rand aus zur Mitte hin kreisförmig auf den Teig schichten. Im Ofen bei 210°C (Stufe 7) 25 Minuten backen. In der Zwischenzeit mit dem Mixer die Eier mit der Sahne, dem Zucker und Vanillezucker verquirlen. Nach 25 Minuten Backzeit auf den Kuchen geben und diesen noch einmal 15 Minuten bei 180°C (Stufe 6) weiterbacken. Den Kuchen aus der Form nehmen und abkühlen lassen.

Vom e Bierebaum fallt ken Apfel herunter.
Von einem Birnbaum fällt kein Apfel.

Mirabellenkuchen
(und Zwetschgenkuchen)

Für eine
Obstbodenform mit
32 cm Durchmesser

Teig
- 300 g Mehl
- 150 g Butter
- 1 Prise Salz
- 50 g Zucker
- 1 Päckchen Vanillezucker
- 1 dl Wasser

Belag
- 1 kg Zwetschgen
- 200 g Zucker
- 1 Eßlöffel Zimt

oder
- 1 kg Mirabellen
- 100g Zucker

Mirabelleküeche un Quetschelküeche

Wenn im Spätsommer die Sonnenstrahlen immer schwächer werden und in den Flußtälern die ersten Herbstnebel aufziehen, tragen die Obstbäume ihre letzten Früchte. Gemeint sind nicht nur die Zwetschgen mit ihrer milchig glänzenden Oberfläche, deren violette Farbe sich in einem helleren Ton in den *Füllefüte* (Herbstzeitlosen) widerspiegelt. Auch die letzten Mirabellen gewinnen noch einmal an Süße, wobei sich ihre Bäckchen dabei vor Freude leicht röten.

Das Mehl in eine Schüssel geben, die kleingewürfelte Butter zufügen und das Ganze sehr schnell mit den Fingerspitzen zu einer krümeligen Masse verarbeiten. Den Zucker, Vanillezucker, das Salz und nach und nach das Wasser zugeben. Zu einem glatten Teig verkneten, diesen zu einer Kugel formen und 1/2 Stunde an einem kühlen Ort ruhen lassen. Anschließend auf einem mit Mehl bestäubten Brett ausrollen und die eingefettete Kuchenform damit auslegen. Die Zwetschgen bzw. Mirabellen entsteinen. Die Zwetschgen zackenförmig einschneiden und fast aufrecht kreisförmig auf dem Teig anordnen. Die Zwetschgen mit Zucker und Zimt bestreuen und bei 210°C (Stufe 7) 30 bis 40 Minuten backen. Bei der Mirabellentorte die Früchte erst nach dem Backen mit Zucker bestreuen. Die Backzeit beträgt hier nur 30 Minuten.

Manche bevorzugen diese Obstkuchen mit einer Eier-Sahne-Creme. Dazu ein Ei mit 15 cl Sahne verquirlen, 100 g Zucker unterzumischen und das Ganze 20 Minuten nach Beginn der Backzeit über die Früchte gießen. In beiden Fällen wird der Kuchen lauwarm oder kalt serviert.

D'r Daa bringt's, d'r Daa nimmt's.
Der Tag bringt's, der Tag nimmt's.

Der aus China stammende
Rhabarber ist auch im Elsaß
schon lange zu Hause. Geschätzt
wird er wegen seiner ent-
schlackenden Wirkung, seiner
Vitamine und seines feinsäuer-
lichen Geschmacks.

Rhabarberkuchen

Rhabarwerküeche

Für 6 Personen (und
eine Obstbodenform
mit ca. 32 cm
Durchmesser)

Teig
- 200 g Mehl
- 1 Prise Salz
- 1 Eßlöffel Zucker
- 100 g Butter
- 1 Ei
- 2 Eßlöffel Wasser

Belag
- 800 g Rhabarber (ca. 7 bis 8 Stengel)
- 200 g Zucker (für den Rhabarber und die Creme)
- 1 Päckchen Vanillezucker
- 1 ganzes Ei und 2 Eigelb
- 1/4 l Sahne

Baiserhaube
(nach Belieben)
- 6 Eiweiß
- 1 Prise Salz
- 200 g Zucker

Für uns war es immer ein großes Vergnügen, im Frühjahr zuzuschauen wie sich die gekräuselten Blätter der Rhabarberstaude öffneten und zu elefantenohrgroßen Riesen auswuchsen. Und wenn wir dann die Stengel von ihrer dünnen roten Haut befreiten, träumten wir bereits von dem fertigen Kuchen und seinem so angenehm säuerlichen Geschmack.

Das Mehl in eine Schüssel geben, das Salz, den Zucker und dann die kleingewürfelte weiche Butter hinzufügen. Die Zutaten mit den Fingerspitzen sehr schnell zu einer krümeligen Masse verarbeiten. Das Ei und dann das Wasser untermischen. Den Teig zu einer Kugel formen und mindestens 30 Minuten oder auch über Nacht an einem kühlen Ort ruhen lassen. Anschließend 2 bis 3 mm dick ausrollen und in die eingefettete Form geben. Die geschälten Rhabarberstengel in 2 cm lange Stücke schneiden. Diese auf dem Teig verteilen, mit einem Teil des Zuckers (ca. 150 g) bestreuen und bei 250°C (Stufe 8) 25 Minuten (goldgelb) backen. Nun die Creme zugeben, für die das ganze Ei und die beiden Eigelb mit dem restlichen Zucker (ca. 50 g), dem Vanillezucker verquirlt und dann mit der Sahne verrührt wurden. Den Kuchen bei 180°C (Stufe 6) noch einmal 10 Minuten backen.

In der Zwischenzeit die Eiweiß mit dem Salz und Zucker zu Schnee schlagen. Mit einem Löffel oder einer Spritztülle auf dem Kuchen verteilen. Weitere 10 Minuten backen. Abkühlen lassen und aus der Form nehmen.

Meine Großmutter mühte sich nicht mit einer Baiserhaube ab, für sie war das »städtischer Unsinn« (Stadtspring). Ihr genügte eine Creme aus einem Ei, Sahne und Zucker.

M'r soll sich nit um ungeleijti Eier kimmere!
Man soll sich nicht um ungelegte Eier kümmern!

Osterkuchen

Oschterflade oder Oschterküeche

Für eine Obstbodenform mit ca. 32 cm Durchmesser

Teig
- 250 g Mehl
- 125 g Butter
- 1 Ei
- 1 Prise Salz
- 40 g Zucker
- 1 Päckchen Vanillezucker
- 2,5 cl Sahne

Belag
- 3 dl Milch
- 30 g Butter
- 100 g Zucker
- 1 Päckchen Vanillezucker
- 75 g Grieß
- 2 dl Sahne
- 2 ganze Eier und 2 Eigelb
- 30 g Rosinen
- 30 g gemahlene Mandeln
- 1 Teelöffel Safran
- 1 Teelöffel Zimt
- etwas geriebene Zitronenschale (nach Belieben)
- 20 g Puderzucker

Safran wird aus einer Krokuspflanze gewonnen, deren Fruchtknoten zu Pulver zerkleinert das als Aroma- und Farbstoff beliebte Gewürz ergeben. Das intensiv orangefarbene Pulver verleiht allem, was damit in Berührung kommt, eine schöne gelbe Farbe. Und diese Farbe paßt hervorragend zu Ostern. Bei diesem sehr alten, einfachen Rezept, das fast ausschließlich zum Osterfest (manchmal noch zu Pfingsten) zubereitet wird, gehen Safran und Zimt in dem Grießbelag eine Verbindung ein, wie sie harmonischer nicht sein könnte.

Die gewürfelte Butter mit dem Mehl vermischen. Das Ei, das Salz, den Zucker und Vanillezucker und zuletzt die Sahne zugeben. Den Teig zu einer Kugel formen und eine Stunde an einem kühlen Ort ruhen lassen. Ausrollen und eine eingefettete Form damit auslegen.

Die Milch mit der Butter, dem Zucker und Vanillezucker erhitzen. Sobald sie kocht, den Grieß unter ständigem Rühren einrieseln und eindicken lassen. Dann die Sahne, die Rosinen und die gemahlenen Mandeln dazugeben. Den Topf vom Feuer nehmen, nacheinander die Eier zugeben und als letztes den Safran, den Zimt und die Zitronenschale (nach Belieben) zufügen. Diese Masse auf den Teig geben und das Ganze bei 210°C (Stufe 7) 30 bis 35 Minuten backen.

Der Kuchen sollte goldgelb, stellenweise auch braun sein. Aus der Form nehmen und abkühlen lassen. Vor dem Servieren mit etwas Puderzucker bestäuben.

D'Glock rieft in d'Kerich, sie geht awer selwer nit nin !
Die Glocke ruft in die Kirche, sie selbst geht aber nicht hin !

Hélène erinnert die Form der Krapfen mit ihrer Senke in der Mitte an die glühenden Holzscheiben des *Schieweschlaawe*. Der alte heidnische Brauch lebt alljährlich am Sonntag vor Aschermittwoch im elsässischen Offwiller wieder auf. Zur Vertreibung der Dämonen des Winters werden dabei Buchenscheiben auf Haselgerten aufgespießt, im Feuer zum Glühen gebracht und dann ins Tal geschleudert, wobei sie mit ihren Drehbewegungen wunderschöne leuchtende Muster an den dunklen Nachthimmel zeichnen.

Krapfen

Für 8 Personen
- 1 kg Mehl
- 45 g Backhefe
- 180 g Butter
- 150 g Zucker
- 1 Prise Salz
- 5 Eier
- 1/2 l Milch (oder etwas weniger)
- 1 bis 2 l Öl zum Ausbacken (Friteuse)
- 100 g Zucker mit einem Eßlöffel Zimt (zum Bestreuen)

Hélène Dohrmann, eine sehr nette Bäurin aus Offwiller, ist in der ganzen Umgebung für ihre leckeren Krapfen bekannt. Auch ich erinnere mich immer noch an die verführerische goldgelbe Kruste und das lockere Innere, das geradezu auf der Zunge verging. Kein Wunder also, daß Hélène in der Fastnachtszeit von allen Seiten bestürmt wird, *ganzi Füeterkerb voll* (ganze Körbe voll) davon zuzubereiten.

Die Zutaten sollten Zimmertemperatur haben. Die Backhefe mit 2 Eßlöffeln lauwarmer Milch anrühren. Eine Prise Zucker zugeben und das Ganze an einen warmen Ort stellen.

In der Zwischenzeit das Mehl in eine Schüssel geben. Die zerlassene Butter, den Zucker, die Prise Salz und nacheinander die Eier zugeben. Diese Masse verrühren und dann nach und nach die Milch dazugießen. Die in der Milch aufgelöste Hefe zufügen und den Teig so lange kneten bis er sich von der Schüssel löst. Mit einem Tuch abdecken und an einem warmen Ort (26-28°C) gehen lassen bis sich sein Volumen verdoppelt hat.

Den Teig dann ca. 1 cm dick ausrollen. Quadratische, rautenförmige oder mit Hilfe eines Glases runde Krapfen ausstechen. Diese mit einem Tuch abdecken und noch einmal an einem warmen Ort 1 Stunde gehen lassen.

Die Krapfen dann ringförmig nach außen ziehen, so daß in der Mitte eine Vertiefung entsteht. In das heiße Öl geben, auf beiden Seiten goldgelb ausbacken, abtropfen und abkühlen lassen. Mit der Zucker-Zimt-Mischung bestreuen.

D'beschte Kiechle werre in sim Dorf gebache !
Die besten Krapfen werden im eigenen Dorf gebacken !

Holunderküchlein

Holderkiechle

Für 6 Personen
- 125g Mehl
- 2 Eier
- 1 Eßlöffel Öl
- 1 dl helles Bier
- 1 Teelöffel Zucker
- 1 Prise Salz
- 1 Eßlöffel Kirschwasser oder Rum
- 18 Holunderblüten (Dolden)
- 50 g Puderzucker zum Bestäuben
- 1 bis 2 dl Öl zum Ausbacken

Der in der letzten Zeit etwas in Vergessenheit geratene Holunder mit seinen so typisch duftenden Blättern ist im Elsaß überall zu finden. Er wächst an Häuserwänden und alten Kirchenmauern ebenso wie an Feldwegen oder am Waldessaum. Dem Volksglauben nach besitzt der Holunder neben seinen beruhigenden Eigenschaften auch noch Zauberkräfte, mit denen so manche Krankheiten oder sonstigen Übel zu heilen sind.

Das Mehl nacheinander mit den Eiern, dem Öl, dem Bier, dem Zucker, dem Salz und dem Kirschwasser (oder Rum) vermischen. Den Teig 30 Minuten ruhen lassen. Die Holunderblüten mit dem Stengel nach oben auf eine Platte legen und mit der Hälfte des Puderzuckers bestäuben. Eine Blütendolde am Stengel nehmen und je nachdem ob die Küchlein luftig oder voluminös werden sollen, kürzer oder länger in den Teig tauchen und das Ganze dann im heißen Öl ausbacken. Mit den übrigen Bütendolden ebenso verfahren. Die Küchlein solange im Öl lassen, bis sie goldgelb sind und wieder an die Oberfläche kommen. Auf Küchenkrepp abtropfen lassen.

Vor dem Servieren mit dem restlichen Puderzucker bestäuben. Die Holunderküchlein werden heiß verzehrt, wobei man sie am besten am Stiel festhält.

Anstelle der Holunderblüten können auch die zur gleichen Zeit blühende Akazien- oder sogar Fliederblüten verwendet werden.

61

Wie d'r Holder bliejt, so blieje oi d'Rawe.
So wie der Holunder blüht, blühen auch die Reben.

Apfelküchlein

Für 6 Personen

Teig
- 200 g Mehl
- 2 Eier
- 2 Eßlöffel Öl
- 1 Prise Salz
- 1 Eßlöffel Zucker
- 2 dl Bier

Obst
- 6 schöne Äpfel
  (Boskop, Renetten
  oder Cox's Orange)
- 100 g Zucker
nach Belieben:
5 cl Schnaps
(Himbeergeist,
Mirabellen- oder
Obstwasser)

Zum Bestreuen
- 100 g Zucker
- 1 Eßlöffel Zimt

Die freitägliche Gemüsesuppe mit Apfelküchlein war so fest in meinem Wochenablauf verankert, daß sie mir das beruhigende Gefühl gab, daran würde sich bis in alle Ewigkeit nichts ändern. Wenn ich im Winter frierend von der Schule nach Hause kam, steckte mir meine Mutter meist noch vor den anderen, vor dem gemeinsamen Mittagessen einen der knusprigen Teigringe zu. Damit er schneller abkühlte, nahm ich ihn mit hinaus in den Hof, wo ich ihn genüßlich verzehrte.

Das Mehl in eine Schüssel geben. Die Eigelb, das Öl, das Salz, den Zucker und nach und nach das Bier zugeben. Das Ganze zu einem glatten Teig verrühren und diesen 1/2 Stunde ruhen lassen. Die Äpfel schälen, das Kerngehäuse entfernen und in 1/2 cm dicke Scheiben schneiden. Diese mit Zucker bestreuen (sie werden dadurch zarter) und nach Belieben mit Schnaps beträufeln. Kinder essen die Küchlein allerdings lieber ohne Schnaps.

15 Minuten vor dem Essen die Eiweiß zu festem Schnee schlagen und vorsichtig unter den Teig heben. Die Apfelringe hineintauchen und nacheinander im schwimmenden Fett ausbacken. Dabei die Küchlein zunächst auf der einen Seite goldgelb backen und dann mit einem Schaumlöffel oder einer Gabel umdrehen.

Auf Küchenkrepp abtropfen lassen und mit dem Zucker und Zimt bestreuen.

Die Apfelküchlein werden heiß nach einer Gemüsesuppe oder auch dazu verzehrt. Die Kombination zwischen süß und salzig ist in diesem Fall besonders köstlich.

Was nutzt eim e scheener Apfel, wenn er fül isch innewendi ?
Was nutzt einem ein schöner Apfel, wenn er inwendig faul ist ?

Erdbeeren
mit Pfefferminze in Weißwein

Für 6 Personen
- 1 kg Erdbeeren
- 250 g Zucker
- 1/2 l trockener Weißwein
- 20 Blätter frische Pfefferminze

Ardbeere im Wisswin mit Pfafferminz

Wenn Ende Juni die reifen Erdbeeren in der warmen Sonne ihren betörenden Duft auszuströmen begannen, ging meine Großmutter abends früher ins Bett, um am Morgen zeitig zum Pflücken aufstehen zu können. Fast ehrfürchtig erntete sie die roten Früchte, voller Dank für die reiche Ernte.

Noch am gleichen Tag wurden die Beeren zu Konfitüre, Kompott oder Kuchen weiterverarbeitet. Wir Kinder aßen sie am liebsten einfach nur mit Zucker und Sahne.

Da im Garten gleich neben den Erdbeerbeeten die Pfefferminze wuchs, kombinierte meine Großmutter die beiden, indem sie Erdbeeren und Pfefferminze gemeinsam in Weißwein - vorzugsweise Riesling oder Sylvaner - einlegte.

Die Erdbeeren waschen und abtropfen lassen. Erst nach dem Waschen entstielen, sonst saugen sie sich mit Wasser voll. Die Früchte kleinschneiden und den Zucker, den Weißwein und die Hälfte der Pfefferminzblätter dazugeben. Mindestens 4 Stunden ziehen lassen. Die inzwischen unansehnlich gewordenen Pfefferminzblätter vor dem Servieren durch neue ersetzen.

Die Erdbeeren mit dem aromatisierten Weißwein in Dessertschalen oder großen Gläsern servieren und Gesundheitskuchen, Biskuit oder Anisplätzchen dazu reichen.

Hesch ebs, machsch ebs; hesch nix, machsch nix !
Hast Du was, machst Du was daraus; hast Du nichts, machst Du nichts daraus !

Frischer Münsterkäse

mit Kirschwasser

Für 6 Personen
- 2 l rohe Vollmilch
- 6 Tropfen Labferment
- 1/4 l Sahne
- 300 g Kristallzucker
- ca. 2 dl Kirschwasser

Siasskas üs-em Munschtertal

Meine erste Begegnung mit dem Münstertal hatte ich im Herbst anläßlich einer Reportage. Ich durchquerte den Ort Wasserbourg und stieg zum Kleinen Belchen hinauf. Die Oktobersonne tauchte den Kahlenwasen in die herrlichsten Rotbraun- und Ockertöne. Auf dem Gipfel angekommen, kehrte ich in einem Berggasthof ein und während ich durch das Fenster beobachtete, wie sich die *Grienfinke* (Grünfinken) an den *Vöjelbeere* (Vogelbeeren) gütlich taten, bereitete mir dieser frische, nur einen Tag in dieser Form genießbare Käse, der vor dem Servieren mit Rahm übergossen, mit Zucker bestreut und mit Kirschwasser beträufelt wird, ein ungekanntes Geschmackserlebnis !

Die Milch auf ca. 35°C (lauwarm) erwärmen und das Labferment zugeben. Die Milch dick werden lassen, was ungefähr eine Stunde dauert. Anschließend in ein Käsesieb geben und etwa eine Stunde abtropfen lassen. Schon ist der Käse fertig zum Verzehr. Es genügt, ihn aus der Form zu stürzen, in Scheiben zu schneiden, in einen Teller zu geben, mit Sahne zu übergießen, mit Zucker zu bestreuen und mit einem (guten) Schuß Kirschwasser zu würzen.

Der Siaskas, im Grunde genommen ein nur wenige Stunden alter Münsterkäse, wird in allen Bauern- und Berggasthöfen im Münstertal serviert. Anstelle des Rahms zum Übergießen kann auch Schlagsahne verwendet werden.

Hinter de Barie sinn oi Lit !
Hinter den Bergen gibt es auch Leute !

Das Dörren von Obst ist eine sehr alte Konservierungsmethode, die den Nährwert der Früchte erhält. Wir verwendeten dafür vor allem gut reife Zwetschgen. Sie wurden mit der Spitze nach unten in dichten Reihen auf einen Holzrost gesetzt. Diesen brachten wir dann voller Stolz zum Bäcker, der ihn mehrmals nach dem Brot in seinen Ofen schob. Die gedörrten Früchte wurden anschliessend in kleinen Leinensäckchen auf dem Speicher aufgehängt.

Hanauer Dörrobstauflauf

Hitzelknopf oder Hurzelknopf

Für 6 Personen

Teig
- 500 g Mehl
- 15 g Backhefe
- 2 Prisen Salz
- 50 g Zucker
- 80 g Butter
- 1/4 l Milch
- 3 Eier

Belag
- 500 g Dörr-zwetschgen

Zum Einfetten des Topfs
- 2 Eßlöffel Öl
- etwas Butter

Die Zwetschgen am Vorabend in kaltem Wasser einweichen. Am nächsten Tag in diesem Saft ca. 20 Minuten kochen. Dadurch nehmen sie wieder ihre ursprüngliche Form an. Abtropfen lassen, den Kochsud zur Seite stellen und die Früchte eventuell entsteinen (nach Belieben). Für den Teig die Hefe in das Mehl bröseln, das Salz und den Zucker zugeben. Dann die lauwarme Milch, in der die Butter geschmolzen wurde, nach und nach darunterrühren. Die Eier zufügen. Den Teig 1 Stunde gehen lassen.

In einem gußeisernen Topf das Öl mit der Butter erhitzen. Dann den Boden mit einem Teil des Teigs (ein Viertel oder ein Drittel) 2 bis 3 cm dick auslegen. Eine Schicht Zwetschgen daraufgeben. Abwechselnd eine neue Schicht Teig, eine Schicht Zwetschgen usw. hinzufügen und das Ganze mit einer letzten Teigschicht abdecken.

Den Topf ohne Deckel in den Backofen stellen (210°C/Stufe 7). Die Oberfläche sollte leicht braun sein. Zum Überprüfen, ob der Kuchen durchgebacken ist, mit einer Stricknadel in die Mitte stechen und wieder herausziehen. Wenn keine Teigreste mehr an ihr haften, ist er fertig. Mit einem Löffel Portionen herausstechen und heiß auf einem Teller servieren.

Nach Belieben kann der Auflauf auch mit dem erhitzten Kochsud der Zwetschgen übergossen werden.

Diese sehr nahrhafte Süßspeise stellt fast eine Mahlzeit für sich dar und wird im allgemeinen nach einer Gemüsesuppe aufgetischt.

M'r kann d'Quetschle nit grien esse un au noch gederrt !
Man kann die Zwetschgen nicht noch grün und schon gedörrt essen !

Als kleines Mädchen war der Schwarzwald für mich eine weit entfernte dunkle Linie, die sich nur bei klarem Wetter ganz deutlich vom Horizont abhob. An solchen Tagen ließ ich es mir nicht nehmen, auf den Speicher hinaufzusteigen und einen Blick auf das 60km entfernte Gebirge zu werfen. Doch diese seltenen Momente waren eigentlich ein schlechtes Zeichen, denn sie kündigten uns für den nächsten Tag Regen an.

Diese Eindrücke kommen mir auch heute noch jedes Mal in den Sinn, wenn ich ein Stück Schwarzwälder Kirschtorte esse, deren Heimat zwar auf der anderen Seite des Rheins liegt, die jedoch auch uns Elsässern seit langem vertraut ist.

Schwarzwälder Kirschtorte

Schwarzwäldertart

Für 8 Personen und eine Springform mit 24 cm Durchmesser

Teig

- 6 Eier
- 240 g Zucker
- 1 Päckchen Vanillezucker
- 75 g Mehl
- 70 g Kakao

oder

- 100 g geriebene Schokolade
- 150 g Butter
- 1 Prise Salz

Belag

- 25 cl Kirschwasser
- 400 g abgetropfte (und eventuell entsteinte) eingemachte Sauerkirschen
- 1/2 l Sahne
- 60 g Puderzucker
- 100 g geraspelte Bitterschokolade

Je nach Belieben die abgetropften Sauerkirschen entsteinen oder auch nicht. Diese dann ein bis fünf Stunden in 5 der 25 cl Kirschwasser ziehen lassen. Erst jetzt mit dem Teig beginnen. Dafür die Eier, den Zucker und den Vanillezucker in eine Schüssel geben. Mit einem elektrischen Rührgerät so lange rühren, bis sich das Volumen ungefähr verdreifacht hat und der zunächst flüssige Teig dick und cremig geworden ist. Das gesiebte Mehl und den Kakao zugeben und vorsichtig unter die Masse heben. Die weiche oder zerlassene Butter (sie muß jedoch abgekühlt sein!) und zuletzt das Salz zufügen.

Den Teig in die mit Butter eingefettete und mit Mehl bestäubte Form geben. Im vorgeheizten Backofen bei 180°C (Stufe 6) 40 Minuten backen. Abkühlen lassen und dann waagrecht in drei Teile schneiden (am besten mit einem langen, scharfen Messer).

Die Sahne schlagen. Sobald sie dicker wird, den Puderzucker und die restlichen 20 cl Kirschwasser zugeben.

Eine Teigscheibe auf eine Tortenplatte legen, mit einer Schicht Schlagsahne bestreichen und einem Drittel der Kirschen belegen. Mit dem zweiten Boden abdecken, diesen ebenfalls mit Schlagsahne und Kirschen garnieren und dann die letzte Scheibe darauflegen. Diese wiederum mit Schlagsahne bestreichen und mit Kirschen verzieren. Die Seiten ebenfalls mit Schlagsahne bestreichen und das Ganze mit den Schokoladeraspeln verzieren. Vor dem Servieren kühlstellen.

Anstelle der eingelegten Sauerkirschen aus dem Glas können auch Schnapskirschen oder frische Kirschen verwendet werden. Letztere zuerst 5 Minuten in einer Flüßigkeit aus 1/4 l Wasser und 180 g Zucker kochen. Der Sirup kann nach dem Abkühlen, mit 1dl Kirschwasser vermischt, zum Beträufeln der drei Biskuitboden verwendet werden.

Was m'r gare tüet, diss macht m'r oi güet !

Was man gerne tut, macht man auch gut !

Im Elsaß wachsen zwar keine Zimt-, Nelken- oder Muskatnußbäume, trotzdem hegt man hier schon von jeher eine Vorliebe für diese exotischen Gewürze. Unsere Pforte zum Meer und den Ozeanen ist der Rhein, er bringt die Welt zu uns. Orientalische Früchte und Gewürze sind unter anderem fester Bestandteil des Früchtebrots, das nach altem Brauch alljährlich vor Weihnachten, in *d'r Adventszit*, im Südelsaß hergestellt wird.

Früchtebrot

**Für 6 bis 8
Früchtebrote**

Dörrobst
- 1 kg getrocknete Birnen
- 500 g gedörrte Zwetschgen oder Pflaumen
- 500 g getrocknete Feigen
- 500 g Datteln
- 250 g Mandeln oder Haselnüsse
- 250 g Walnüsse
- 400 g Sultaninen
- 400 g Korinthen (oder Malaga-Rosinen)
- 125 g Orangeat
- 125 g Zitronat
- 1/2 l Kirschwasser

Gewürze
- 1 Eßlöffel Zimt
- 1 Teelöffel gemahlener Sternanis
- 1 Teelöffel Aniskörner
- 1/2 Teelöffel gemahlene Nelken
- 1/2 Teelöffel geriebene Muskatnuß
- 1/2 Teelöffel gemahlener Pfeffer

Brotteig
- 1 kg Mehl
- 40 g Backhefe
- 10 g Salz
- 5 dl Wasser

Die Birnen, Zwetschgen, Feigen und Datteln in Streifen schneiden. Die grob gehackten Mandeln und Nüsse sowie die zwei verschiedenen Rosinensorten zugeben. Das Orangeat und Zitronat sowie die verschiedenen Gewürze daruntermischen. Das Kirschwasser dazugeben, alles gut vermischen und 24 bis 48 Stunden ziehen lassen. Von Zeit zu Zeit umrühren.

Für den Vorteig die in etwas lauwarmer Milch aufgelöste Hefe in 100 g gesiebtes Mehl geben, verrühren, zu einer Kugel formen, mit einem Tuch abdecken und an einem warmen Ort 30 Minuten gehen lassen. Für den eigentlichen Teig dann das restliche Mehl in eine Schüssel geben, das Wasser, den Vorteig und das Salz zufügen. Zu einem glatten Teig kneten. Mit einem Tuch abdecken und 2 Stunden gehen lassen. Dann den Teig mit den eingelegten Früchten und Gewürzen vermischen. Mit angefeuchteten Händen längliche, leicht flache Brote formen. (Sie können auf der Oberseite nach Belieben mit einigen leicht in den Teig gedrückten ganzen Mandeln oder Walnußhälften verziert werden). Die Brote auf ein eingefettetes und mit Mehl bestäubtes Blech geben. An einem kühlen Ort bis zum nächsten Tag ruhen lassen. Dann bei 180°C (Stufe 6) 1 Stunde im Ofen backen. Vor dem Servieren abkühlen lassen.

Die Berawecka, manchmal auch Hutzelbrot genannt, schmecken noch besser, wenn sie einige Tage alt sind. In einer Blechdose halten sie mehrere Wochen, unter Umständen sogar bis Ostern.

Einer Daa isch im andere siner Lehrmeischter !
Jeder Tag ist des anderen Lehrmeister !

Das in einem ländlich idyllischen Tal mit zahlreichen Käsereien gelegene Orbey gehört zum sogenannten welschen Teil des Elsaß, in dem seit jeher Französisch gesprochen wird. Obwohl hier keine Mandeln wachsen, gehören die Stein- früchte seit Urzeiten zu den Zutaten für ein traditionelles Weihnachtsgebäck, *Hogaye* oder *Hoggeï* genannt, das vor der Christmette verzehrt wird. Denn die Mandeln gelten wie auch die Nüsse als Überbringer einer göttlichen Botschaft.

Früchtebrot à la Orbey

Hogaye oder Hoggeï

Für 8 Personen

Teig
- 400 g Mehl
- 15 g Backhefe
- 100 g Butter
- 2 Eier
- 1 Prise Salz
- 50 g Zucker
- 1 dl lauwarme Milch

Füllung
- 100 g getrocknete Birnen
- 100 g Dörrzwetschgen
- 100 g getrocknete Aprikosen
- 100 g getrocknete Feigen
- 200 g Mandeln
- 100 g Nüsse
- 200 g Rosinen
- 1 Teelöffel Zimt
- 2 Eßlöffel Zucker
- 1 Päckchen Vanillezucker
- 1 dl Kirschwasser
- 1 Eigelb

Am Vortag morgens die getrockneten Früchte in kaltes Wasser legen. Am Abend diese wieder herausnehmen, abtropfen lassen, entsteinen und zusammen mit den Mandeln und Nüssen grob hacken. Die Rosinen, den Zimt, den Zucker und den Vanillezucker zugeben. Mit dem Kirschwasser übergießen, vermischen und über Nacht ziehen lassen.

Am nächsten Tag für den Teig das Mehl in eine Schüssel geben. Die zerbröselte Hefe, die zerlassene Butter, die Eier, das Salz, den Zucker und nach und nach die lauwarme Milch zugeben. An einem warmen Ort 1 Stunde gehen lassen. Den Teig dann rechteckig ausrollen (ca. 30 cm breit und 40 cm lang) und auf ein eingefettetes und mit Mehl bestäubtes Blech legen. Die Füllung bis auf 3 bis 4 cm vom Rand entfernt darauf verteilen. Den Teig mit der Füllung wie eine Biskuitrolle zusammenrollen. Die beiden Enden leicht einschlagen, damit sie gut schließen. Den Kuchen mit der Nahtstelle nach unten auf das Blech legen, so zieht sie sich beim Backen nicht auseinander. Die gesamte Oberfläche mit dem Eigelb bestreichen, in dem zuvor ein Dessertlöffel kalter Kaffee aufgelöst wurde (das gibt dem Ganzen mehr Glanz). Im vorgeheizten Ofen bei 210°C (Stufe 7) ca. 1 Stunde backen. Vor dem Servieren abkühlen lassen.

Zu dem kräftigen Geschmack dieses Früchtebrots schmeckt am besten ein Gewürztraminer oder ein heißes Getränk wie Kaffee, Tee oder Glühwein!

Wer de Karne asse will müess oi d'Nuss knacke !
Wer den Kern essen will, muß die Nuß knacken !

Bettelmann

**Für 6 bis
8 Personen**

- 6 alte Milchbrötchen
  oder
- Reste einer Brioche
  oder eines
  Gugelhupfs
- 1/2 l Milch
- 150 g Zucker
- 1 Päckchen
  Vanillezucker
- 1 Teelöffel Zimt
- 100 g gemahlene
  Haselnüsse oder
  Mandeln
- 4 Eier
- 1 kg schwarze
  Kirschen
- 3 Eßlöffel Paniermehl
- 40 g Butter

Bettelmann

Zu Fronleichnam, dem *Lieweherr-gottsdaa*, wurde das ganze Dorf festlich geschmückt. Ich war überglücklich, denn ab diesem Tag durfte ich mein rosa-weißes Lämmchen hervorholen, das von den Benediktinerinnen des Klosters Reinacker in Handarbeit angefertigt worden war. Es war flauschig weich und mit seinen schwarzen Augen aus Stecknadel-köpfen einfach hinreißend. In einem Jahr wurde es mir bei der Prozession plötzlich schwindlig. Ich weiß nicht, ob es die Juni-sonne, die Aufregung oder einfach nur Hunger war. Ich erinnere mich nur noch daran, daß ich zum nahegelegenen Haus meiner Großmutter rannte. Auf dem steinernen Ausguß in der Küche stand ein aus den ersten Kirschen zubereiteter Bettelmann zum Abkühlen. Während ich mich daran gütlich tat, hätte die Welt untergehen können, ich hätte es wohl nicht gemerkt.

Die Milch zum Kochen bringen, die Brötchen darin einweichen, abkühlen lassen und mit der Hand oder einer Gabel zerdrücken. Den Zucker, den Vanillezucker, den Zimt und die gemahlenen Haselnüsse (oder Mandeln) zugeben. Nach und nach die Eier und dann die Kirschen unter die Masse arbeiten. Eine feuerfeste Glas-, Steingut- oder Metallform mit Butter einfetten. Den Teig hineingießen, mit Paniermehl bestreuen und einige Butterflöckchen darauf verteilen. Im heißen Ofen (210°/Stufe 7) 1 Stunde backen. Mit einer Stricknadel oder einem Messer hineinstechen. Wenn sie beim Herausziehen trocken sind, ist der Bettelmann fertig. Verzehrt wird er lauwarm oder kalt.

Solang ass d'r Kirschaum bliejt, kann's noch Kirsche gann !
Solange der Kirschbaum blüht, kann es noch Kirschen geben !

Vanillespätzle

Melichstriwle

Für 6 Personen

Teig
- 400 g Mehl
- 4 ganze Eier
  und 2 Eigelb
- 2,5 dl Milch (wenn
  nötig auch etwas
  mehr)
- 100 g Zucker
- 1 gestr. Eßlöffel Zimt

Zum Garen
- 1, 5 l Milch
- 200 g Zucker
- 1 Vanilleschote
- 50 g Butter
- 50 g brauner Zucker

Obwohl ich beim Verfassen dieses Buchs bis über den Kopf in den süßen Desserts und Bäckereien steckte, gelang es meinem Mitarbeiter Jean-Pierre Drischel mit diesem Rezept, mich für kurze Zeit alle anderen Köstlichkeiten vergessen zu lassen. Es stammt von seiner in dem Straßburger Vorort Elsau gebürtigen Mutter Alice, die das Gericht im Winter nicht selten nach einer Gemüsesuppe als Hauptmahlzeit servierte.

Mit einem Holzlöffel das Mehl und die Eier verrühren. Nach und nach die Milch und dann den Zucker und den Zimt zufügen. Den Teig solange rühren bis er glatt und leicht flüssig ist. 30 Minuten ruhen lassen. Etwas von diesem Teig auf ein Holzbrettchen geben und mit einem Messer oder einem Schaber dünne, lange Streifen in die mit dem Zucker und der Vanille zum Kochen gebrachte Milch schaben. Sobald sie wieder an die Oberfläche kommen, mit einem Schaumlöffel herausnehmen. In eine leicht eingefettete feuerfeste Form geben. Den braunen Zucker darüberstreuen und das Ganze im sehr heißen Ofen (240°C/Stufe 8) 2 bis 3 Minuten karamelisieren lassen. In der Form mit Hagebuttenkonfitüre, einem Früchtekompott (Äpfel, Zwetschgen, Mirabellen) oder einer englischen Creme servieren.

Die Milch, in der die Melichstriwle gegart wurden, kann anschließend für die Zubereitung einer Karamelcreme oder einer englischen Creme verwendet werden.

Besser hit e Ei ass morje e Hüehn !
Besser heute ein Ei als morgen ein Huhn !

Apfelstrudel

Für 6 Personen

Teig
- 350 g Mehl
- 1 ganzes Ei und 1 Eiweiß
- 2 Prisen feines Salz
- 5 Tropfen Zitronensaft
- 1 dl lauwarmes Wasser
- 75 g Butter (für den Teig)
- 75 g zerlassene Butter (zum Bestreichen)

Belag
- 1 kg Äpfel
- 1 Teelöffel Zimt
- 150 g Zucker
- 50 g Paniermehl
- 100 g gemahlene Mandeln (oder Nüsse)
- 100 g Rosinen (eventuell in Rum getaucht)

Zum Bestreichen
- 1 Eigelb
oder
- 40 g zerlassene Butter

Dieses aus Österreich stammende Gebäck ist wie geschaffen für *gemietliche Kaffeekränzle* im Winter. Es gehört zu den Desserts, die einfach unwiderstehlich sind. Verzehrt wird der Strudel im allgemeinen lauwarm mit Schlagsahne oder, seltsamerweise, mit Apfelkompott. Wie in seiner Heimat mit warmer Vanillecreme und einem Eiskaffee finde ich ihn indes geradezu königlich!

In einer Schüssel das Mehl mit dem ganzen Ei und dem Eiweiß vermischen. Das Salz und den Zitronensaft, der den Teig glatt und elastisch macht, hinzufügen. Die streichfähige Butter und dann das lauwarme Wasser darunterarbeiten. Den Teig gut kneten bis er aufgeht und Blasen wirft. 1 Stunde an einem kühlen Ort ruhen lassen. Die geschälten Äpfel in dünne Scheiben schneiden, diese mit dem Zucker und dem Zimt vermischen. Die Rosinen in Rum einlegen. Ein Kuchenblech oder eine Obstbodenform (30 cm Durchmesser) mit Butter bestreichen. Den Teig auf einem mit Mehl bestäubten Tuch dünn ausrollen. Er sollte fast durchsichtig sein. Mit der zerlassenen Butter bestreichen. Mit Paniermehl bestreuen. Die Apfelscheiben darauf verteilen, die Rosinen dazugeben und die gemahlenen Mandeln darüber streuen. Den Teig mit Hilfe des Tuchs zu einer ca. 10 cm dicken und 30 cm langen Wurst zusammenrollen. Die beiden Enden gut verschließen. Das Ganze mit der zerlassenen Butter oder einem Eigelb bestreichen. Bei 200°C (Stufe 6-7) 40 bis 45 Minuten backen.

Anstelle der Äpfel können auch Zwetschgen, Mirabellen oder entsteinte Kirschen verwendet werden.

M'r müess sich e Apfel fer de Durscht spare !
Man muß sich einen Apfel für den Durst aufsparen !

Zimtschnitten

Für 6 Personen
- 6 Scheiben altes Brot (oder Brioche oder Gugelhupf)
- 1/2 l heiße Milch

Pfannkuchenteig
- 200 g Mehl
- 3 Eier
- 1 Prise Salz
- 2 dl Milch

Zum Ausbacken
- 100 g Butter
oder
- 1 dl Öl

Zum Bestreuen
- Zucker und Zimt

Wie durch Zauberhand wird bei diesem Rezept aus altem Brot ein köstliches Gebäck, in das wir Kinder nur allzugern herzhaft hineinbissen. Die *Zimetschnitte* waren ein Freitagsgericht, das meine Mutter nach einer Gemüse- oder Erbsensuppe auftischte.
Das Rezept kann vereinfacht werden, indem man das in Milch getauchte Brot in zwei verrührte Eier taucht und dann in der Pfanne brät. Eine andere Möglichkeit besteht darin, das Brot zunächst in Weiß- oder Rotwein zu legen, bevor es in den Pfannkuchenteig oder die verrührten Eier getaucht wird. Diese Weinbrotscheiben werden dann *Winschnitte* genannt.

Für den Pfannkuchenteig das Mehl und das Salz in eine Schüssel geben. Nach und nach die Eier und die Milch zufügen. Das Ganze mit dem Schneebesen (oder dem elektrischen Rührgerät) kräftig rühren, damit sich keine Klumpen bilden.

Die Brotscheiben zunächst mit der einen und dann mit der anderen Seite kurz in die heiße Milch und dann in den Pfannkuchenteig tauchen. In einer Pfanne in Butter oder Öl ausbacken. Wenn die Scheiben auf beiden Seiten goldgelb sind, aus der Pfanne nehmen und auf einer Platte anrichten. Mit einer beliebigen Menge Zucker und Zimt bestreuen.

Die Zimtschnitten werden heiß gegessen. Dazu passen am besten Apfelkompott oder eingekochte Früchte in ihrem Saft.

M'r sajt: trocket Brot macht d'Backe rot,
doch a Butterfalde tüet eim nit schade !
Es heißt: trockenes Brot macht die Wangen rot,
doch ein Butterbrot schadet auch niemandem !

Wolfszähne

Für 100 Stück
- 250 g Butter
- 250 g Zucker
- 3 ganze Eier
- 350 g Mehl
- 1/2 Päckchen Vanillezucker

Wolfszähn

Für dieses Gebäck benötigt man unbedingt ein *gewellts* (gewelltes) Blech, das außerdem gut eingefettet werden muß, denn der Teig hängt leicht an. Meine Großmutter bewahrte die fertigen Wolfszähne in einer hohen Blechdose oder *Blachbechs*, wie man bei uns sagt, auf, in die ich zu meiner großen Freude hin und wieder hineingreifen durfte. Was für eine Köstlichkeit, diese außen leicht knusprigen und innen angenehm weichen Teigschnitze !

Mit einem Schneebesen die weiche Butter und den Zucker schaumig rühren. Dann nacheinander die Eier, das Mehl und den Vanillezucker zugeben. Das gewellte Blech mit Butter einfetten. In jede Rinne in gleicher Entfernung zwei kleine Löffelchen Teig geben. Bei mittlerer Hitze (180°C/Stufe 6) 15 Minuten backen.

Durch die Einwirkung der Hitze breitet sich der Teig aus und nimmt die Form von Fangzähnen an. Diese vom Blech nehmen und nach dem Abkühlen in Blechdosen aufbewahren.

Wenn kein gewelltes Blech zur Verfügung steht, reicht auch ein normales. Es ergibt normale, runde Plätzchen. In den Teig können dabei auch noch Rosinen (natur oder in Rum oder Kirschwasser getaucht) eingearbeitet werden.

Meine Großmutter reichte die Wolfszähn *am Sonntag nachmittag den Besuchern zu einem Glas Kirschlikör, Johannisbeer- oder Malagawein.*

M'r geht nit in d'Miehl, wann m'r nit mahli will sinn !
Man geht nicht in die Mühle, wenn man nicht mehlig sein will !

85

Anisplätzchen

Anisbredle

Für ca. 500 g Plätzchen

- 150 g ganze Eier (ohne Schale, was 4 kleinen oder 3 großen Eiern entspricht)
- 250 g Zucker
- 25 g Aniskörner
- 300 g gesiebtes Mehl

Diese verlockenden beige-farbenen Plätzchen mit ihrem runden Häubchen erinnerten mich als Kind an Champignons, die vergessen hatten zu wachsen. Wenn sie vor dem Backen zum Trocknen hoch oben auf dem Schrank standen, warf ich ihnen immer wieder heimliche Blicke zu und betete, der Zauber möge gelingen und den *Bredle* zu ihrer so typischen, leicht aufge-gangenen Form verhelfen.

Die Eier müssen unbedingt ohne Schale gewogen werden, um genau 150 g zu erhalten, denn bei mehr oder weniger mißlingt das Rezept. Die ganzen Eier mit dem Zucker 1/2 bis 1 Stunde mit einem Holzlöffel rühren. Dabei den Teig auf keinen Fall schlagen, da sonst Luft hineinkommt.

Sobald der Teig cremig ist, die Aniskörner und dann das Mehl nach und nach zugeben und vorsichtig unterheben. Mit einer Spritztülle oder zwei kleinen geldstückgroßen Löffeln 1-Franc-Stück große Häufchen auf ein eingefettetes und mit Mehl bestäubtes Blech setzen. Bei Zimmer-temperatur 24 Stunden trocknen lassen. Anschließend bei mittlerer Hitze (180°C/Stufe 6) 10 Minuten backen. Zum Schluß müssen sie leicht aufgegangen sein, wie goldgelber Sockel mit einem weißen oder beigen Häubchen aussehen.

Nachdem die Anisbredle auf das Blech gesetzt wurden, bestreut sie der Konditormeister Christophe Meyer mit Zucker, von dem er den Überschuß durch ein kurzes Schwenken des Blechs wieder entfernt. Die Plätzchen erhalten dadurch eine glitzernde, kristalline Oberfläche.

Ze wenig un ze viel verdirbt oft's Spiel !
Zu wenig und zu viel verdirbt oft das Spiel !

Weihnachtsplätzchen
nach schwäbischer Art

Schwowebredle

Für ca. 1 kg Plätzchen

Teig
- 250 g Butter
- 250 g Zucker
- 1 Päckchen Vanillezucker
- 1 ganze Ei
- 20 g Zimt
- 150 g gemahlene Mandeln (oder Nüsse)
- der Saft 1/2 Zitrone und ihre geriebene Schale
  (nach Belieben: 3 Eßlöffel Rosenwasser)
- 400 g Mehl

Zum Bestreichen
- 3 Eigelb
- 1 Teelöffel Milch oder Kaffee

Wenn meine Mutter den Teig für die *Schwowebredle* zubereitete, war ich außer mir vor Freude, denn nichts machte ich lieber als mit den kleinen Förmchen die einfachen Motive auszustechen. Gegessen werden durften sie jedoch erst am Weihnachtsabend, an dem mich zunächst der Besuch des *Rübelz* oder *Hans Trapp*, einer Art Knecht Ruprecht in Atem hielt, dessen furchterregender Zorn nur von dem in Weiß gekleideten, mit einer Krone geschmückten und verschleierten *Christkindel* gemildert werden konnte, das ihn auf seinem Weg begleitete.

Die weiche Butter mit dem Zucker, Vanillezucker, Zimt und den gemahlenen Mandeln (oder Nüssen) vermischen. Den Saft einer halben Zitrone und die geriebene Schale, eventuell etwas Rosenwasser und zuletzt das Mehl zugeben. Diesen Teig von Hand kräftig durchkneten. Über Nacht an einem kühlen Ort ruhen lassen. Am nächsten Tag nach und nach einen Teil des Teigs 3 bis 4 mm dick ausrollen. (Der Teig sollte sich nicht zu sehr erwärmen, sonst bleibt er am Untergrund hängen). Mit kleinen Förmchen verschiedene Motive (Sterne, Fische, Tannenbäume, Kleeblätter, Halbmonde, Glocken, Vögel, Herzen usw.) ausstechen. Diese auf das eingefettete Blech geben und mit dem mit Milch oder Kaffee verrührten Eigelb bestreichen. Bei 180°C (Stufe 6) 10 bis 15 Minuten backen. Mit einem Alleswender vom Blech lösen und auf einem Rost abkühlen lassen.

In einer Blechdose können diese Plätzchen mindestens einen Monat aufbewahrt werden.

Tee, Kaffee un Leckerli bringe manchi um's Ackerli !
Tee, Kaffee und Leckereien bringen so manchen um seinen Acker !

Nußlikör

Für 4 Liter
- 24 grüne Walnüsse (um Johannis gepflückt)
- 1/2 Zimtstange
- 5 Nelken
- 2 Liter einfacher Rotwein
- 1 Liter Schnaps (Zwetschgen-, Kirsch- oder sonstiges Obstwasser)
- 1 kg Würfelzucker

Der Johannistag am 24. Juni fällt mit der Sommersonnwende oder elsässisch *Sonnewende* zusammen. In dieser Zeit, in der die Tage lang und die Nächte kurz sind, wird der Sieg des Lichts über das Dunkel allenthalben mit Johannisfeuern, im Elsaß *Johannisfiir* oder *Kanzdifiir* gefeiert. Nach dem Volksglauben sollen sie gleichzeitig die bösen Kräfte vertreiben.

In dieser Zeit können auch die grünen Walnüsse gepflückt werden, deren Schale noch nicht hart ist. Sie bilden die Grundlage für den *Nussewin*, dem eine appetitanregende, verdauungsfördernde, belebende und stärkende Wirkung nachgesagt wird.

Sehr viel sicherer und leichter nachzuprüfen ist das köstliche, portweinähnliche Aroma, das dieser *Zaubertrank*, dessen Rezeptur die Mütter wie ein Geheimnis an ihre Töchter weitergeben, auf der Zunge und im Gaumen hinterläßt.

Die Nüsse vierteln und in ein großes Glas mit ungefähr 5 Litern Fassungsvermögen geben. Die Zimtstangen und die Nelken zugeben. Den Rotwein und den Schnaps darübergieben. Den Zucker hinzufügen. Das Gefäß mit einem Korken verschließen und den Inhalt 5 Wochen ziehen lassen. Dabei das Ganze von Zeit zu Zeit mit einem Holzlöffel umrühren. Den Likör anschließend durchsieben und in Flaschen abfüllen. Er ist jetzt trinkfertig.

Uf ! Uf ihr liewi Büewe! Halfe Schittle zammesüeche, dann mir fiire Kanzdifiirle.
Auf, auf Ihr lieben Buben, helft Holz zusammensuchen, denn wir zünden die Johannisfeuer an.

Glühwein

Warmer "vin chaud" Win

Für 1,2 l
- 1 l Rotwein
  (Burgunder, Bordeaux
  oder auch ein
  elsässischer Rotwein
  z.B. aus Ottrott,
  Saint-Hippolyte oder
  Turckheim)

oder

- 1 l Elsässer Weißwein
  (Edelzwicker, Tockay,
  Pinot gris, Pinot
  blanc oder
  Gewürztraminer)
- 250 g Würfelzucker
- 2 dl Wasser
- 1 Zimtstange
- 2 Anissterne
- 2 Nelken
- 1 Messerspitze
  Muskatnuß
- 1/2 Zitronenschale
- 1/2 Orangenschale

Zum Dekorieren
- Orangen- und
  Zitronenscheiben

In der Weihnachtsnacht wollte Großvater auch die Tiere an dem Fest teilhaben lassen. Er ging deshalb in den Stall und gab jedem der Tiere, die über diesen nächtlichen Besuch nicht wenig erstaunt waren, eine Handvoll oder *Hampfel* Heu. Wir aßen unterdessen die Weihnachtsplätzchen oder *Wihnachtsbredle* und bereiteten einen Glühwein zu, der auf elsässisch amüsanterweise die doppelt sinngleiche Bezeichnung *warmer Vin chaud* Win trägt. Bald war die wohlige Stube oder *Stub* erfüllt von seinem schweren, berauschenden Duft. Meine Gedanken schweiften derweil zu den wundersamen Geschehnissen ab, die sich in der Weihnachtsnacht um Mitternacht ereignen: Obstbäume, die für einige Sekunden Blüten tragen, Bienen, die plötzlich so emsig herumschwirren als stände der Frühling vor der Tür oder Wein, der einige Sekunden in den Fässern gärt, um ebenfalls einen Beitrag zum Weihnachtsgeheimnis zu leisten.

Die verschiedenen Zutaten in einen Topf geben und vorsichtig zum Kochen bringen. 3 bis 5 Minuten köcheln lassen. Durch einen Sieb in die Gläser gießen. Jedes Glas mit einer halben Orangen- oder Zitronenscheibe verzieren.

Glühwein wird sehr heiß getrunken. Zu seinem Gewürzduft paßt sehr gut Lebkuchen oder Früchtebrot wie z.B. die Bierewecke.

Hesch a Freid, so trinksch, un trinksch, so hesch a Freid !
Wenn man sich freut, trinkt man und wenn man trinkt, freut man sich !

Inhaltsverzeichnis

Inhaltsverzeichnis

Printed in France – D.L.: 2/1994 – Nr 1-94-0082